青少年百科知识文库

科学探索·生活与交通

SCIENTIFIC EXPLORATION

司马榆林 编著

河南人民出版社

图书在版编目（CIP）数据

生活与交通/司马榆林编著. -- 郑州：河南人民出版社，2015.5
ISBN 978-7-215-09453-6

Ⅰ．①生… Ⅱ．①司… Ⅲ．①交通安全教育－青少年读物 Ⅳ．①X951-49

中国版本图书馆CIP数据核字(2015)第096435号

设计制作：崔新颖　王玉峰
图片提供：fotolia

河南人民出版社出版发行
（地址：郑州市经五路66号　邮政编码：450002　电话：65788036）
新华书店经销　　三河市恒彩印务有限公司 印刷
开本　710毫米×1000毫米　　1/16　　印张 9
字数 128千字　　插页　　印数 1-6000册
2015年7月第1版　　2015年7月第1次印刷

定价：29.80元

目录 CONTENTS

Part ① 生活中的科学

羊毛衫为何会起毛球？ >>002
穿了羽绒服为什么就不觉得冷了？ >>004
人为什么会中暑？ >>006
怎样有效保护我们的眼睛？ >>008
做好的面包为什么会有很多小孔？ >>011
咖啡起源于何时何地？ >>013
咖啡有哪些品种和饮用禁忌？ >>016
为什么喝可乐不如喝白开水？ >>020
我们为什么能用吸管将饮料吸入口中？ >>022
我们平常喝的自来水要经过哪些处理？ >>024
牛奶对我们有哪些作用？ >>026
我们常喝的牛奶有哪些种类？ >>031
我们在生活中为什么应少吃茶叶蛋？ >>033
真空包装的食品为什么可以保鲜？ >>035

我们的身体为什么需要铁元素？ >>037
自来水笔为什么一写字就会自动出水？ >>040
不锈钢为什么耐腐蚀？ >>042
为什么灯泡会发光？ >>044
声控灯为什么能发声控制？ >>047
回声对人类有哪些作用？ >>048
影子是如何产生的？ >>050
镜子里的人像为什么是左右颠倒的？ >>052
烟花绽放出美丽的图案是什么原理？ >>054
霓虹灯是依据什么原理做成的？ >>056
空调是如何制冷的？ >>060
空调如何使用才会省电？ >>062
使用微波炉应注意哪些禁忌？ >>063
煤气中毒是什么原因？ >>067

Part 2 交通中的科学

你知道哪些交通知识？ >>072
交通安全须知"二十不"指哪些？ >>078
道路交通标志有哪些？ >>080

公路上为何要设置交通信号灯？ >>082
为什么要设置减速带？ >>083
中国的车为何要靠右行驶？ >>084
公路和道路有何区别？ >>085
高速公路有何特点？ >>088
高速公路为何要限速？ >>090
加油站应注意哪些禁忌？ >>092
常见的立交桥有哪些？ >>094
为什么赵州桥被奉为建筑典范？ >>097
桥的基本结构是怎么样的？ >>100
中国为什么称为"桥的故乡"？ >>103
轮船是如何发明的？ >>107
自行车是谁发明的？ >>110
最早发明的汽车是怎样的？ >>112
汽车车身是如何演变的？ >>113
世界最快汽车排名都有哪些？ >>118
汽车对我们的环境污染有哪些？ >>120
火车发展经历了哪些过程？ >>122
现代高速火车发展到何种程度？ >>125
磁悬浮列车是如何产生的？ >>127

火车与地铁有何区别？　>>130
火车站是如何分类的？　>>131
空中的交通规则有哪些？　>>135
飞机飞行高度由什么决定？　>>137
世界最大的机场在哪里？　>>138

Part 1
生活中的科学

羊毛衫为何会起毛球？

羊毛衫本指用羊毛织制的针织衫，这也是一般老百姓认同的含义，而实际上"羊毛衫"现在已成为一类产品的代名词，即用来泛指"针织毛衫"或称"毛针织品"。

毛针织品指主要是用羊毛、羊绒、兔毛等动物毛纤维为主要原料纺成纱线后织成的织物，诸如兔毛衫、雪兰毛衫、羊毛衫、腈纶衫等都是"羊毛衫"大家族。

↑ 羊毛衫

羊毛衫穿起来轻薄保暖，但是起毛球却也是司空见惯的事儿。羊毛衫为什么会起毛球呢？

纱线的影响：纤维的卷曲波形发越多，在加捻时，纤维越不容易伸展，在摩擦过程中纤维容易松动滑移，在纱线表面形成毛茸。为此，纤维卷曲性越好，越易起球。纤维越细，显露在纱线表面的纤维头端就越多，纤维柔软性也越好，因此细纤维比粗纤维易于纠缠起球。而对于纤维长度来讲，较短纤维比长纤维易于起毛起球，除纤维头端数多的影响外，长纤维之间的摩擦力及抱合力大，纤维难以滑到织物表面，也就难以纠缠起球。纱线的捻度和表面光洁程度对起球也有较大影响，捻度高的纱线，纤维间的抱合紧密，纱线在受到摩擦时，纤维从纱线内滑移相对少，起球现象减少；但是，羊毛衫是柔软性织物，过高的捻度会使织物发硬，因此不能靠提高捻度来防止起球。纱线光洁度的影响，纱线越光洁，表面毛茸则越短而少，所以光洁纱线不易起球。

织物组织结构的影响：织物组织结构疏松的织物比结构紧密的织物易起毛起球。高机号织物一般比较紧密，所以低机号织物比高机号织物易起毛起球。表面平整的织物不易起毛起球，表面凹凸不平的织物易起毛起球。因此，胖花织物、普通花色织物、螺纹织物、平针织物的抗起毛起球性是逐渐增加的。

染整工艺的影响：纱线或织物经染色及整理以后，对抗起球将产生较大影响，这与染料、助剂、染整工艺等条件有关，以绞纱染色的纱线比用散毛染色或毛条染色的纱线易起球；以成衫染色的织物比纱线染色所织的织物易起球；织物经过定型，特别是经树脂整理后，其抗起毛起球性将大大增强。

穿着条件的影响：羊毛衫织物在穿着时，所经受的摩擦越大，所受摩擦的次数越多，则起球现象越严重。

穿了羽绒服为什么就不觉得冷了？

冬天的天气非常冷，可是人们穿上羽绒服就暖和多了。为什么穿上又轻又软的羽绒服就不冷了呢？

这是因为羽绒服里的羽绒都是鸭鹅身上的优质绒毛。在不受压的情况下，羽绒之间有一定的空间，空气在这里既能挡住人体的热量向外跑，又能挡住外面的冷风向里进，所以我们穿上羽绒服就会觉得很暖和。

↑ 羽绒服

羽绒服内充羽绒填料的上衣，外形庞大圆润。羽绒服鸭绒量一般占一半以上，同时可以混杂一些细小的羽毛，将鸭绒清洗干净，经高温消毒，之后填充在衣服中就是羽绒服了。羽绒服保暖性较好，多为寒冷地区的

生活与交通

人们穿着，也为极地考察人员所常用。

羽绒服是羽绒行业主要的产品。羽绒是由绒和羽构成的。

羽绒服绒是由不含毛杆的羽毛，在其羽枝上长出的许多簇细丝，通过绒上的细丝相互交错形成了稳定的热保护层。因此，绒是羽绒保暖的主要材料。每一盎司的羽绒大约有两百万根细丝。较好品质的绒细丝较长，形成的绒朵也相应较大。羽是鸭或鹅的背部和尾部的带羽杆的小羽毛，也有长羽毛打碎后形成的，羽的含量不能太高，但因为它有提高羽绒蓬松度的作用，因此必须含有一定的比例。将羽绒经过洗涤、干燥、分级等工艺处理以后，被制成羽绒服，成为冬季御寒服饰。

羽绒服具有防寒性好、轻柔蓬松、洗涤方便、物美价廉，而且绿色纯天然等优点，所以消费者对羽绒服的需求越来越旺盛，使羽绒服市场的发展空间依然很大。

人为什么会中暑？

中暑是指在高温和热辐射的长时间作用下，机体体温调节障碍，水、电解质代谢紊乱及神经系统功能损害的症状总称。颅脑疾患的病人、老弱及产妇耐热能力差者，尤易发生中暑。中暑是一种威胁生命的急诊病，若不给予及时有效的治疗，可引起抽搐、永久性脑损害、肾脏衰竭，甚至死亡。核心体温达41℃是预后严重的体征，体温若再略为升高一点则常可致死。老年、衰弱和酒精中毒可加重预后。

在炎热的三伏天，人们若是在烈日下劳动或是进行体育比赛，往往会有人突然昏倒，不省人事，严重的还会出现发烧、抽筋等症状，这就是中暑了。

人为什么会中暑呢？虽然中暑的发生看来比较突然，它却是逐步形成的。因为人体每时每刻都在通过出汗向外散热，劳动和运动时出汗多、散发的热量也多。

在通常情况下，大气的温度低于人体的温度，人体的热量就能散发到大气中去。要是在酷热的阳光下，气温很高，人体内部的热就散发不出去了。大量的热积聚在体内，就形成了中暑的条件，再加上出汗过多，体内的水分和盐分消失过多，就会引起中暑。

生活与交通

　　中暑对人的机体有很大的损害。所以，在夏天或高温环境里劳动，必须注意通风降温。

　　遇到中暑的人应该立刻把他抬到阴凉的地方，解开他的衣服，用凉水擦他的身体，用冷湿毛巾敷在头部，帮助他降温。如果脸色苍白、昏迷不醒，就应该赶快送到医院抢救。

　　因此，在高温酷热的夏天，如果在阳光下工作，必须戴上遮阳帽，避免烈日直晒头部。多喝一些淡盐开水、汽水等清凉饮料以防中暑。

怎样有效保护我们的眼睛？

眼睛是心灵的窗口，一双年轻漂亮的眼睛，是每个人都梦想的，但是，眼睛长期处于裸露的外界环境下，是最容易老化的一个器官，怎样来保护眼睛呢？

1. 克服不良习惯

很多人属于先天愁眉苦脸型，整天的皱眉、眯眼，使眼部周围皮肤紧张，从而变得松弛。另外过多的面部表情也会使面部包括眼睛周围皮肤松弛老化；长期熬夜，无规律的睡眠，自然也是眼睛老化的一个主要敌人。

2. 食物搭配

要多喝水，保持皮肤的水分充足，小细纹、鱼尾纹、眼袋、黑眼圈、眼睛浮肿是眼部肌肤最容易出现的问题。这些问题的产生有时是因缺水，或循环不良造成水分囤积；经常食用一些胶质性物质，如猪蹄、鸡爪等，以保持皮肤的弹性。

3. 适当选用化妆品

选用一些眼部的护肤品，如眼霜、眼部卸妆液等，并对眼部皮肤进行适当的按摩。

4. 生物保养法

用胡萝卜汁加一些橄榄油涂敷眼周和眼角皱纹处，或于睡前在上述部位敷以维生素E油剂，以增强皮肤的抗衰力，减少或减轻皱纹的形成与加深。

5. 生活工作习惯

常在计算机前打字、戴隐形眼镜增加了眼部疲劳，使眼部老化。这种情况除了靠保养品改善外，生活习惯的配合也是十分重要的。

另外，还有一些食物可以防辐射：

（1）富含胶原弹性物质的食品。这一类食品的代表有海带、紫菜、海参，动物的皮肤、骨髓等。因为食物中的胶原物质有一种黏附作用，它可以把体内的辐射性物质黏附出来排出体外，而且其中动物皮肤所蕴涵的弹性物质还具有修复受损的肌肤的功能。

（2）富含抗氧化活性物质的食品。油菜、青菜、芥菜、卷心菜、萝卜等十字花科蔬菜，不仅是人们餐桌上常见的可口菜肴，而且还具有防辐射损伤的功能。新鲜蔬菜是人体内的"清洁剂"，其奥妙在于蔬菜拥有"秘密武器"——碱性成分，可使血液呈碱性，溶解沉淀于细胞内的毒素，使之随尿液排泄掉。

（3）具有排毒功能的食物。比如猪血、黑木耳等。猪血的血浆蛋白丰富，血浆蛋白经消化酶分解后，可与进入人体的粉尘、有害含辐射的金属微粒发生反应，变成难以溶解的新物质沉淀下来，然后排出体外。黑木耳的最大优势在于可以帮助排出纤维素物质，使这些有害纤维在体内难以立足。这一类的食物可以帮助我们把体内的有害物质排出体外，不给辐射物质留下丝毫立足空间。

（4）明目类食物。这一类食物主要是针对长时间面对电脑工作的都市白领、学生等人。计算机对视力危害很大，经常操作计算机的人应多吃些明目食品，如枸杞、菊花、决明子。常喝菊花茶也能收到清心明目的效果；枸杞清肝明目，对保护视力也有很大好处。饮茶能防止视力衰退和恢复视力。国际上普遍认为饮茶有抗辐射的作用，能减少计算机荧光屏X射线的辐射危害。茶中富含的茶多酚（50%）和脂多糖等成分可以吸附和捕捉放射性物质并与其结合后排出体外。

（5）保持体内营养的平衡。研究表明，人体内所必需的脂肪酸，维生素A、K、E及B等的缺乏，均可降低机体对辐射的耐受性，在膳食中应适当供给。仅增加其中任何一种维生素，都不能得到预期的营养效果。矿物质的营养平衡问题尤为重要，体内钾、钠、钙、镁等离子浓度须合适，否则不能维持水与电解质平衡，轻者损害健康，重者甚至危及生命。微量元素与其他营养素相互之间的关系也很重要，锌对许多营养素包括蛋白质与维生素的消化、吸收和代谢都有重要影响。当我们受到辐射损伤时，矿物质包括微量元素在内，过量或不平衡，均会产生不良影响。这一类的营养我们可以通过牛奶、蛋、肝、花菜、卷心菜、茄子、扁豆、胡萝卜、黄瓜、西红柿、香蕉、苹果等食物中得到补充。

做好的面包为什么会有很多小孔？

面包香松可口，是很多人都爱的食物。在品尝松软面包的同时，你会发现面包里布满了细密的小孔，难怪它会像海绵那样富有弹性和柔性？那么，面包里的这些小孔是怎样产生的呢？这就得从面包的制作讲起了。

↑ 面包

做面包的主要原料是面粉。在将面粉揉成面团时，面包师要加入一定量的酵母。酵母是一类有益的细菌，在一定条件下它们能大量繁殖。当酵母菌揉入湿的面团中后，它就开始繁殖。酵母体能分泌出各种酶，将淀粉分解成糊精，再进一步分解为麦芽糖、葡萄糖等，最后产生大量的二氧化碳气体。二氧化碳气体分布在面团的面筋网里，使面筋变成如海面状多孔的疏松体。再经过揉面和烤制，面团里二氧化碳受热膨胀，使制的面包获得了疏松多孔的品质。

用于食品中的酵母通常有液体酵母、新鲜压榨酵母、活性干酵母三种。液体酵母发酵力强,但不宜保存;活性干酵母虽易保存,但发酵力不强;而新鲜压榨酵母(简称鲜酵母)既有较强的发酵力,又能在冰箱中保存,所以被较多的人选用。鲜酵母是一种含有酵母菌体的奶黄色软固体,其化学成分主要是水、蛋白质、脂肪、糖及少量维生素等。生产鲜酵母的工厂是将一定种类的酵母培养于营养液内,通入无菌空气使酵母菌大量繁殖,然后经过高速离心机分离出酵母浆,再用压滤机除去残液并压成块状,即成了鲜酵母。

作为疏松剂的鲜酵母其实不仅仅用于面包,平时家中做各种馒头糕点时,也可以选用鲜酵母作疏松剂。用酵母发酵制作面包不仅口味好,而且营养成分也有所增加。但是含油脂和糖较多的面团,用酵母发酵往往达不到疏松的要求,因为油脂和糖岁酵母菌繁殖有抑制作用。另外,用酵母发酵面团,需要一定的时间。为此,家庭制作面包、馒头时,也常用化学发酵粉。化学发酵粉呈白色粉状,是几种化学药品混合物,它的种类繁多,常见的是碳酸氢钠(小苏打)、酒石酸、酒石酸氢钾及磷酸氢钙等混合物。化学发酵粉揉入面团后,一旦受热就会发生化学反应而产生大量二氧化碳气体,使食品成为多孔的疏松体。

现在你已知道面包中会有许多小孔的原因了吧!原来这些小孔都是二氧化碳气体居住的小屋。

生活与交通

咖啡起源于何时何地？

"咖啡"一词源自埃塞俄比亚的一个名叫卡法的小镇，在希腊语中"Kaweh"的意思是"力量与热情"。茶叶、咖啡与可可并称为世界三大饮料。咖啡树是属茜草科常绿小乔木，日常饮用的咖啡是用咖啡豆配合各种不同的烹煮器具制作出来的，而咖啡豆就是指咖啡树果实内的果仁，再用适当的烘焙方法烘焙而成。

↑ 咖啡

关于咖啡的起源有种种不同的传说。其中，最普遍且为大众所乐道的是牧羊人的故事。传说有一位牧羊人，在牧羊的时候，偶然发现他的羊蹦蹦跳跳手舞足蹈，仔细一看，原来羊是吃了一种红色的果子才导致举止滑稽怪异。他试着采了一些这种红果子回去熬煮，没想到满室芳香，熬成的汁液喝下以后更是精神振奋，神清气爽。从此，这种果实就被作为一种提神醒脑的饮料，且颇受好评。

古时候的阿拉伯人最早把咖啡豆晒干熬煮后，把汁液当做胃药来喝，认为有助于消化。后来发现咖啡还有提神醒脑的作用，同时由于回教严禁教徒饮酒，于是就用咖啡取代酒精饮料，作为提神的饮料而时常饮用。15世纪以后，到圣地麦加朝圣的回教徒陆续将咖啡带回居住地，使咖啡渐渐流传到埃及、叙利亚、伊朗和土耳其等国。咖啡进入欧陆应当归因于土耳其当时的奥斯曼帝国。由于嗜饮咖啡的奥斯曼大军西征欧陆且在当地驻扎数年之久，在大军最后撤离时，留下了包括咖啡豆在内的大批补给品，维也纳和巴黎的人们得以凭着这些咖啡豆，和从土耳其人那里得到的烹制经验，而发展出欧洲的咖啡文化。战争原是攻占和毁灭，却意外地带来了文化的交流乃至融合，这可是统治者们所始料未及的了。

西方人都烹制咖啡已有300年的历史，然而在东方，咖啡在更久远的年代已作为一种饮料在社会各阶层普及。咖啡出现的最早且最确切的时间是公元前8世纪，但是早在荷马的作品和许多古老的阿拉伯传奇里，就已记述了一种神奇的，色黑、味苦涩、且具有强烈刺激力量的饮料。公元10世纪前后，阿维森纳（980～1037，古代伊斯兰世界最杰出的集大成者之一，哲学家、医生、理论家等）则用咖啡当做药物治疗疾病。

虽然咖啡是在中东发现的，但是咖啡树最早源于非洲一个现属埃塞俄比亚的地区，叫Kaffa，从这里咖啡传向也门、阿拉伯半岛和埃及。正是在埃及，咖啡的发展异常迅猛，并很快流行并进入人们的日常生活。

到16世纪时，早期的商人已在欧洲贩卖咖啡，由此将咖啡作为一种新型饮料引进西方。绝大部分出口到欧洲市场的咖啡来自亚历山大港和士麦那（土耳其西部港市），但是随着市场需求的日益增长，进出口港口强加的高额关税，以及人们对咖啡树种植领域知识的增强，使得经销商和科学家开始试验把咖啡树移植到其他国家。荷兰人在他们的海外殖民地巴达维亚和爪哇（巴达维亚即现印度尼西亚首都雅加达的旧称），法国人于1723年在马提尼克岛（位于拉丁美洲），以及随后又在安的列斯群岛（位于西印度群岛）都移植了咖啡树；后来英国人、西班牙人和葡萄牙人开始侵占亚洲和美洲热带咖啡种植区。

1727年，巴西北部开始了咖啡种植，然而糟糕的气候条件使得这种作物种植逐渐转移到了其他区域，最初是里约热内卢，最后到了圣保罗和米纳斯州（大约1800～1850年期间）。在这里咖啡找到了它最理想的生长环境。咖啡种植在这里发展壮大，最终成为巴西最重要的经济来源。

正是在1740～1850年期间，咖啡种植在中南美洲达到了它的普及之最。

虽然咖啡诞生于非洲，但是种植和家庭消费却相对来说是近代才引进的。实际上，正是欧洲人让咖啡重返故地，将其引进他们的殖民地。在那里，由于有利的土地和气候条件，咖啡才得以兴旺繁荣。

咖啡有哪些品种和饮用禁忌？

蓝山——蓝山咖啡是较受一般大众欢迎的咖啡，产于中美洲牙买加、西印度群岛，拥有香醇、苦中略带甘甜、柔润顺口的特性，而且稍微带有酸味，能让味觉感官更为灵敏，品尝出其独特的滋味，是为咖啡之极品。

曼特宁——盛产于印度尼西亚的苏门答腊，当地的特殊地质与气候培养出独有的特性，具有相当浓郁厚实的香醇风味，并且带有较为明显的苦味与碳烧味，苦、甘味更是特佳，风韵独具。

摩卡——摩卡咖啡产于伊索比亚。此品种的豆子较小而香气甚浓，拥有独特的酸味和柑橘的清香气息，更为芳香迷人，而且甘醇中带有令人陶醉的丰润余味，独特的香气以及柔和的酸、甘味。

巴西——从盛产咖啡豆的巴西精选的极品。口感中带有较浓的酸味，配合咖啡的甘苦味，入口极为滑顺，而且又带有淡淡的青草芳香，在清香略带苦味，甘滑顺口，余味能令人舒活畅快。

多士——属于巴西咖啡中的极品，以巴西山圣保罗州多士港口命名的咖啡。其咖啡豆粒大，香味浓，有适度的苦味，亦有高品质的酸度，总体口感柔和、淡美，若仔细品尝回味无穷。

肯亚——是出自于品质较高的阿拉比卡种，而阿拉比卡也是中国台湾咖啡的种类之一。味道更为香醇浓烈而厚实，并且带有较为明显的酸味，抓住许多喜爱这种特性的咖啡迷，也是德国人的最爱。

阴干——它与一般咖啡不同的是阴干在水洗后，是采用自然烘干法，在自然的状态下烘干6个月，之后再经过一些程序与一般咖啡豆的处理方式不同，阴干属于中焙程度的豆子，它所含有的咖啡因少。

那加雪飞——是属于顶级摩卡，而名字是用英文直接译成。

牙买加——是蓝山中较高级的豆子。

曼巴——结合曼特宁及巴西咖啡特有的风味，味道丰厚浓郁，而且还有淡淡的清香，曼特宁与巴西的组合，两者互相柔和在一起，是个不错的组合。

曼蓝——是由曼特宁和蓝山以1∶1的比例混合而成，当曼特宁的苦味遇到蓝山的微酸，两者相互中和，香味更是香醇。

拿铁——意大利浓缩咖啡加入高浓度的热牛奶与泡沫鲜奶，保留淡淡的咖啡香气与甘味，散发浓郁迷人的鲜奶香，入口滑润而顺畅，是许多女生的最爱。

意式卡布其诺——将浓醇的意大利浓缩咖啡混合细致香鲜的泡沫鲜奶与香滑可口的巧克力粉，充分调和的柔顺口感与迷人的香气，加上优雅的装饰，凸显个人品位。

巧克力咖啡——意大利浓缩咖啡加入巧克力、泡沫鲜奶、糖浆、可可粉，浓郁的咖啡及巧克力香气扑鼻，而且甜味与咖啡中和，顺口而不腻，是适合大众的口味。

爱尔兰咖啡——把风味独到的特制Espresso佐以威士忌、糖和鲜奶油，让Espresso的香浓被威士忌提升得更为明显，并与鲜奶油调和出香滑顺口、甘苦适中的滋味。

玛琪雅朵——在意大利浓缩咖啡中,不加鲜奶油、牛奶,只要在咖啡中添加两大匙绵密细软的奶泡,如此就是一杯玛琪雅朵。

康宝兰——属意大利式的维也纳咖啡。搅拌奶油既可以搅和在咖啡里,也可以当做小点心另配上,供宾客边吃边饮。后来,用加压方式煮咖啡后,便改称"搅拌奶油配浓咖啡"。

饮用禁忌:

1. 铁剂不宜与茶、牛奶、咖啡同服。因牛奶含磷高,可影响铁的吸收。茶和咖啡中的鞣酸可使铁的吸收减少75%,宜用温开水送服。

2. 茶叶和咖啡中的单宁酸,会让钙吸收降低。所以,喝茶和喝咖啡的时间,最好是选在两餐当中。

3. 含咖啡因的饮料和食品,被孕妇大量饮用后,会出现恶心、呕吐、头痛、心跳加快等症状。咖啡因还会通过胎盘进入胎儿体内,影响胎儿发育。

4. 不少医生认为,孕妇每天喝1～2杯(每杯6～8盎司)咖啡、茶或碳酸类饮料,不会对胎儿造成影响。但为慎重起见,孕妇最好禁用。咖啡因可导致流产率上升,所以应喝不含咖啡因的饮料。

5. 想减肥的人不要多饮咖啡。常见的咖啡伴侣中含有较多的奶类、糖类和脂肪,咖啡本身可能刺激胃液分泌,增进食物消化和吸收,不但不能瘦腰,还会使人发胖。

6. 儿童不宜喝咖啡。咖啡因可以兴奋儿童中枢神经系统,干扰儿童的记忆,造成儿童多动症。

7. 浓茶、咖啡、含碳酸盐的饮料也是形成消化道溃疡病的危险因子。

8. 咖啡因有助于提高警觉性、灵敏性、记忆力及集中力。但饮用超过比你平常所习惯饮用量的咖啡，就会产生类似食用相同剂量的兴奋剂，会造成神经过敏。对于倾向焦虑失调的人而言，咖啡因会导致手心冒汗、心悸、耳鸣等症状更加恶化。

9. 加剧高血压。咖啡因因为本身具有的止痛作用，常与其他简单的止痛剂合成复方，但是，长期大量服用，如果你本身已有高血压时，使用大量咖啡因只会使你的情况更为严重。因为只是咖啡因就能使血压上升，若再加上情绪紧张，就会产生危险性的相乘效果，因此，高血压的危险人群尤其应避免在工作压力大的时候喝含咖啡因的饮料。有些常年有喝咖啡习惯的人，以为他们对咖啡因的效果已经免疫，然而事实并非如此。一项研究显示，喝一杯咖啡后，血压升高的时间可长达12小时。

10. 诱发骨质疏松。咖啡因本身具有很好的利尿效果，如果长期且大量喝咖啡，容易造成骨质流失，对骨量的保存会有不利的影响。对于妇女来说，可能会增加骨质疏松的威胁。但前提是，平时食物中本来就缺乏摄取足够的钙，或是不经常运动的人，加上更年期后的女性，因缺少雌激素造成的钙质流失，以上这些情况再加上大量的咖啡因，才可能对骨质造成威胁。如果能够按照合理的量来享受，你还是可以做到不因噎废食的。

为什么喝可乐不如喝白开水？

时下,各种各样的饮料已成为人们必不可少的需要。不同的人应该根据需要选择不同的饮品,才能起到消暑解渴、补充营养流失的作用。然而,专家对有些人钟情于饮可乐解暑表示担忧。全国政协委员、江苏省中医药学会营养与康复专业委员会主任王旭东教授指出,以可乐为代表的碳酸饮料刚开始面世时,因其口感好,产生的气体能把胃里的热量带出来,给人舒适和兴奋的感觉。喝习惯后,人们就会对碳酸饮料产生一定的依赖性。实际上,碳酸饮料没有任何营养价值。

据介绍,各类碳酸饮料中的糖分较高,长期喝容易导致发胖。可乐中含有安钠咖,与咖啡因同类,同时还含防腐剂。这些成分的含量是否对人体有害,目前还不好说,但肯定对身体不好,也没有任何营养价值,长期喝这些饮料肯定会出问题。

其实中国最好的饮料就是我们的国饮——茶,尤其是绿茶。哪怕喝白开水,也比喝碳酸饮料强。

儿童饮可乐有害。可乐中含有咖啡因,1瓶340克的可乐型饮料含有咖啡因50～80毫克。有人做过试验,成年人一次口服咖啡因1克以上,可以引起中枢神经系统兴奋、呼吸加快、心动过速、失眠、眼花、耳鸣。

即使1次服用1克以下，由于胃黏膜受到刺激，也会出现恶心、呕吐、眩晕、心悸、心前区疼痛等中毒症状。小儿对咖啡因较成人更敏感，所以不要给孩子喝可乐型饮料。

少女谨防骨质疏松。一项研究显示，汽水会加速骨质流失，尤其爱喝可乐的少女，骨折的概率是不喝汽水者的5倍！

专家指出，可乐中的磷酸可能是造成易骨折的原因。磷酸对骨质有害，因为磷酸对钙的新陈代谢和骨质有不利影响。另一方面，喝可乐的年轻女孩可能是牛奶摄取量不足，使身体缺乏钙质，因而易骨折。

新婚夫妇慎喝可乐。医学家们奉劝新婚女子少饮或不饮可乐型饮料。因为多数可乐型饮料中都含有较高成分的咖啡因，咖啡因在体内很容易通过胎盘的吸收进入胎儿体内，会危及胎儿的大脑、心脏等器官，同样会使胎儿造成畸形或先天性疾病。因此，专家建议，新婚夫妇以及想要孩子的夫妻们，除了禁烟酒外，可乐型饮料也不宜饮用。即使婴儿出生后，哺乳的母亲也不能饮用可乐型饮料。因为咖啡因也能随乳汁间接进入婴儿体内危害婴儿的健康。

老年人不宜饮可乐。可乐有利尿作用，可使钙的吸收减少一半。老年人经常饮用含咖啡因的饮料，会加剧体内钙质的缺乏，引起骨质疏松，容易骨折。

另外，饮含咖啡因的饮料过多，会使血脂升高，易加剧动脉硬化。高血脂、高血压患者多饮，会加速病情的恶化。对吸烟者来讲，咖啡因在尼古丁诱变物质的作用下，易使身体某些组织发生突变，甚至导致癌细胞的产生。为避免上述危害，应改变吸烟时饮用可乐的习惯。

我们为什么能用吸管将饮料吸入口中？

吸管，或称饮管，是一条圆柱状、中空的塑胶制品，其主要功用是用来饮用杯子中的饮料，也有用来吸食一些烹饪好的动物长骨的骨髓。一般直径在0.5厘米左右，但是用来吸食酸奶、珍珠奶茶等饮品时，会用较粗的吸管，有的直径有1.5厘米，一些较少见。直径极小的吸管用作饮热饮。

吸管是运用大气压强原理，使用时对着吸管吸走部分空气，将造成管内压强变小，而为了平衡气压，大气压强将会迫使管内液体上升。停止吸气时，管内液体下降，压强便回到平衡。这就是吸管的奇妙原理与应用。

吸管是美国的马文·史东在1888年发明的。19世纪，美国人喜欢喝冰凉的淡香酒，为了避免口中的热气减低酒的冰冻劲，因此喝时不用嘴直接饮用，而以中空的天然麦秆来吸饮。可是天然麦秆容易折断，它本身的味道也会渗入酒中。当时，美国有一名烟卷制造商马文·史东，从烟卷中得到灵感，制造了一支纸吸管。试饮之下，既不会断裂，也没有怪味。从此，人们不止在喝淡香酒时使用吸管，喝其他冰凉饮料时，也喜欢使用纸吸管。塑胶发明后，因塑胶的柔韧性、美观性都胜于纸吸管，所以纸吸管便被五颜六色的塑胶吸管取代了。

吸管的制作方法是：把塑料熔融后，通过挤出模，就是所谓的口器，然后机器像注射器一样把塑料挤出（这个过程是连续的，机器上有一个螺杆，会以一定速度挤出），在塑料还软化的时候，送进机器，直接成型，后期再用机器进行切削，就成为我们所看到的一段一段的吸管了。

我们平常喝的自来水要经过哪些处理？

自来水是经过多道复杂的工艺流程，通过专业设备制造出来的饮用水。自来水的处理过程如下：

首先必须把源水从江河湖泊中抽取到水厂（不同的地区取水口是不同的，水源直接影响着一个地区的饮水质量）；然后经过沉淀、过滤、消毒、入库（清水库），再由送水泵高压输入自来水管道。现在国家规定要用 PP 管，而不是以前常用的铁管，因为时间一长铁管就会生锈，会造成严重的二次污染；最终分流到用户龙头。整个过程要经过多次水质化验，有的地方还要经过二次加压、二次消毒才能进入用户家庭。

现在自来水消毒大都采用氯化法，公共给水氯化的主要目的就是防止水传播疾病，这种方法推广至今有一百多年历史了，具有较完善的生产技术和设备，氯气用于自来水消毒，具有消毒效果好，费用较低，几乎没有有害物质的优点。但我们经过对理论资料了解、研究，认为氯气用于自来水消毒还是存在一定的弊端。氯化消毒后的自来水能产生致癌物质，且目前有关方面专家也提出了许多改进措施。

大约一百多年前就采用了氯化消毒方法，并沿用至今，成为一种常规消毒方法。但随着科学技术发展，发现氯化后自来水出现一些令人遗憾的结果！经过氯化后的水会产生哪些物质？这些物质会影响人体健康吗？如何才能得到既清洁又安全的饮用水？

在现阶段，消毒剂除氯气外，还有二氧化氯、臭氧，采用代用消毒剂可降低有害物质的生成量，同时提高处理效率。

过滤后的水要进行消毒，消毒剂用氯气。氯气易溶于水，与水结合生成次氯酸和盐酸，在整个消毒过程中起主要作用的是次氯酸。对产生臭味的无机物来说，它能将其彻底氧化消毒，对于有生命的天然物质，如水藻、细菌而言，它能穿透细胞壁，氧化其酶系统（酶为生物催化剂）使其失去活性，使细菌的生命活动受到障碍而死亡。次氯酸本身呈中性，容易接近细菌体而显示出良好的灭菌效果，次氯酸根离子也具有一定的消毒作用，但它带负电荷而难以接近细菌体（细菌体带负电荷），因而较之次氯酸，其灭菌效果要差得多，所以氯气消毒效果要比采用漂白粉消毒更佳。

目前世界上安全的自来水消毒方法是臭氧消毒。不过这种方法的处理费用太昂贵，而且经过臭氧处理过的水，保留时间是有限的。至于能保留多长时间，目前还没有一个确切的概念。所以目前只有少数的发达国家才使用这种处理方法。

牛奶对我们有哪些作用？

牛奶是最古老的天然饮料之一。牛奶顾名思义是从雌性奶牛身上所挤出来的。在不同国家，牛奶也分有不同的等级，目前最普遍的是全脂、低脂及脱脂牛奶。目前市面上牛奶的添加物也相当多，如高钙低脂牛奶，就强调其中增添了钙质。

牛奶是人们日常生活中喜爱的饮食之一，每年5月的第三个星期二，是"国际牛奶日"。喝牛奶的好处如今已越来越被大众所认识，牛奶中含有丰富的钙、维生素D等，包括人体生长发育所需的全部

↑ 牛奶

氨基酸，消化率可高达98%，是其他食物无法比拟的。

1. 牛奶营养丰富

牛奶营养丰富、容易消化吸收、物美价廉、食用方便，是最"接近完美的食品"，人称"白色血液"，是最理想的天然食品。

奶中的蛋白质主要是酪蛋白、白蛋白、球蛋白、乳蛋白等，所含的20多种氨基酸中有人体必需的8种氨基酸。奶蛋白质是全价的蛋白质，它的消化率高达98%。乳脂肪是高质量的脂肪，品质最好，它的消化率在95%以上，而且含有大量的脂溶性维生素。奶中的乳糖是半乳糖和乳糖，是最容易消化吸收的糖类。奶中的矿物质和微量元素都是溶解状态，而且各种矿物质的含量比例，特别是钙、磷的比例比较合适，很容易消化吸收。

牛奶所含的营养成分为：

每100克牛奶含水分87克，蛋白质3.3克，脂肪4克，碳水化合物5克，钙120毫克，磷93毫克，铁0.2毫克，维生素A 140国际单位，维生素B_1 0.04毫克，维生素B_2 0.13毫克，烟酸0.2毫克，维生素C 1毫克。可供热量69千卡。

2. 牛奶能抑制肿瘤

牛奶和奶制品干酪中含有一种CLA的物质，能有效破坏人体内有致癌危险的自由基，并能迅速和细胞膜结合，使细胞处于防御致癌物质侵入的状态，从而起到防癌作用。而且牛奶中所含的钙能在人体肠道内有效破坏致癌物质，使其分解改变成非致癌物质，并排出体外。牛奶中所含的维生素A、维生素B_2、维生素D等对胃癌和结肠癌都有一定的预防作用。

而且牛奶中还含有多种能增强人体抗病能力的免疫球蛋白抗体，也有防癌作用。另外酸牛奶中含有一种酶，能有效防止癌症患者因化学疗法和放射疗法所引起的副作用。

3. 牛奶能镇静安神

意大利科研人员研究发现，牛奶之所以具有镇静安神的作用，是因为含有一种可抑制神经兴奋的成分。

意大利热那亚市女研究员罗塞拉·阿瓦洛内曾撰写的一份研究报告中说，人们日常食用的牛奶等一些食物，其中含有一定数量的起镇静安神作用的物质，如苯甲二氮䓬。阿瓦洛内认为，除牛奶外，大豆、谷类等食物也具有显著的安神功效。

阿瓦洛内建议，当你心烦意乱的时候，不妨去喝一大杯牛奶安神。睡前喝一杯牛奶可促进睡眠。

4. 牛奶能美容养颜

牛奶营养丰富，含有高级的脂肪、各种蛋白质、维生素、矿物质，特别是含有较多维生素B族，它们能滋润肌肤，保护表皮、防裂、防皱，使皮肤光滑柔软白嫩，使头发乌黑减少脱落，从而起到护肤美容的作用。

牛奶中所含的铁、铜和维生素A，有美容养颜作用，可使皮肤保持光滑滋润。

牛奶中的乳清对面部皱纹有消除作用。

牛奶还能为皮肤提供封闭性油脂，形成薄膜以防止皮肤水分蒸发。另外，还能暂时提供水分，所以牛奶是天然的护肤品，也是"绿色护肤品"。

所以自古以来不论国外国内都有用牛奶及奶制品美容的记载,如罗马人每日用在牛奶里浸泡过的面包擦脸,认为这样会使皮肤光滑白嫩,显得年轻美貌,并可抑制胡须的生长。所以现在有的化妆品中还含有牛奶或奶制品的成分。

5. 牛奶有助减肥

奶制品含有高脂肪和热量,所以许多人为了减肥而不吃奶制品。然而美国田纳西州大学的研究显示,奶制品中丰富的钙元素,对人体内的脂肪降解非常重要。

研究小组把34名健康肥胖者分成两组,让他们每天进食比平时少500卡热量的食物,其中一组每天喝3份含1100毫克钙的低脂酸奶,另一组则每天吃500毫克钙片。坚持一段时间后的结果显示,喝酸奶一组人平均体重、体脂及腹部脂肪下降程序分别比另一组人要多22%、61%和81%。

研究员认为,奶制品中的钙元素能帮助人体燃烧脂肪,促进机体产生更多的能降解脂肪的酶。所以,如果你想减肥,每天至少要吃3份低脂或脱脂乳制品。

6. 牛奶能促进幼儿大脑发育

乳是哺乳动物出生后赖以生存发育的唯一食物,它含有适合其幼子发育所必需的全部营养素。

牛奶中含有的磷,对促进幼儿大脑发育有着重要的作用。

牛奶中含有维生素B_2,有助于视力的提高。

牛奶中含有钙,可增强骨骼、牙齿强度,促进青少年智力发展。

牛奶中含有乳糖，可促进人体对钙和铁的吸收，增强肠胃蠕动，促进排泄。

牛奶中含有铁、铜及维生素A，有美容作用，使皮肤保持光滑、丰满。

牛奶中的镁能缓解心脏和神经系统疲劳，锌能促进伤口更快地愈合。

酸奶可增强免疫体系功能，阻止肿瘤细胞增长，防止动脉硬化。

酸奶中含有大量的乳酸和有益于人体健康的活性乳酸菌，有利于人体消化吸收，激活胃蛋白酶，增强消化机能，提高人体对矿物质元素钙、磷、铁的吸收率。

7. 过期牛奶可用来擦皮鞋

过期牛奶可用来擦皮鞋，先刷掉鞋面上的污垢，再用纱布蘸上过期发酸的牛奶均匀地涂抹在鞋面上，等干了以后用干布擦拭，鞋面可光亮如新。

我们常喝的牛奶有哪些种类？

巴氏消毒奶——采用巴氏消毒法灭菌，需全程在4℃～10℃冷藏，目前较为流行。最大限度地保留牛奶中营养成分。保质期较短的牛奶多为巴氏消毒法消毒的"均质"牛奶，用这种方法消毒可以使牛奶中的营养成分获得较为理想的保存，是目前世界上最先进的牛奶消毒方法之一。

所谓的"均质"，是指牛奶加工中的新工艺，就是把牛奶中的脂肪球粉碎，使脂肪充分溶入蛋白质中去，从而防止脂肪黏附和凝结，也更利于人体吸收。保质期一般在48小时以内，它们的营养价值与鲜牛奶差异不大，B族维生素的损失仅为10%左右，但是一些生理活性物质可能会失活。

常温奶——采用超高温灭菌法，能将有害菌全部杀灭，保质期延长至6～12个月，无须冷藏。但营养物质会受很大损失。

还原奶——奶粉不得用于巴氏消毒奶，但常温奶、酸奶及其他乳制品可用，但必须标明原料为"复原乳"或"水和奶粉"。

生鲜牛奶——在许多发达国家，未经杀菌的生鲜牛奶是最受消费者欢迎的，但价格也最为昂贵。新挤出的牛奶中含有溶菌酶等抗菌活性物质，能够在4℃下保存24～36小时。这种牛奶无须加热，不仅营养丰富，而且保留了牛奶中的一些微量生理活性成分,对儿童的生长很有好处。

灭菌牛奶——不少生产厂家为了满足上班族的需要,生产出保存时间较长的百利包。保存时间较长的百利包牛奶在加工过程中已经全面灭菌,对人体有益的菌种也基本被"一网打尽"了,牛奶的营养成分因而也被破坏掉。

这种牛奶的包装和鲜牛奶非常相像,保质期大部分是30天或更长时间,有些灭菌牛奶的保质期达6个月以上。灭菌奶一般味道比较浓厚,但是营养物质有一定损失,B族维生素有20%～30%的损失。

无抗奶——这个名词已经被大部分人所认识,但它不会出现在牛奶的外包装上,因为它是牛奶出厂的指标之一,一般知名厂家出厂的牛奶都应该达到这个标准。

无抗奶是指用不含抗生素的原料生产出来的牛奶。"抗"是指用来治疗病牛所用的各类抗生素,常见的有青霉素、链霉素等。奶牛在每年换季时易患乳腺炎,并且采用机械榨乳也比人工挤奶使乳牛更易患乳腺炎,向牛乳房部位直接注射抗生素,奶牛能尽快恢复健康。经过抗生素治疗的奶牛,在一定时间内产生的牛奶会残存着少量抗生素,这种奶不能作为食用奶原料进行加工生产。

生活与交通

我们在生活中为什么应少吃茶叶蛋？

茶叶蛋本身的两种成分都是上好的营养食品。鸡蛋含丰富的氨基酸、蛋白质、卵磷脂和微量元素等，每天一个鸡蛋，人体可以充分吸收它的营养。茶叶中含有咖啡因，可提神醒脑，消除疲劳；含有单宁酸，能有效地预防中风；所含氟化物，能够预防牙齿疾病；红茶能有效防治皮肤癌，是美容养颜佳品；绿茶所富含的茶多酚，更是优秀的抗氧化剂，可防癌抗癌、抗衰老、消炎杀菌等。

↑ 茶叶蛋

但是两者若是一起烹制后食用就得不偿失了，原因是多方面的。茶叶中含有鞣酸成分，在烧煮时会渗透到鸡蛋里，与鸡蛋中的铁元素结合而形成沉淀，对胃有很强的刺激性。久而久之，会影响营养物质的消化吸收，不利于人体健康。茶叶中的生物碱类物质会同鸡蛋中的钙质结合而妨碍其消化吸收，同时会抑制十二指肠对钙质的吸收，容易导致缺钙和骨质疏松。

正确而健康的吃法是将两种上好的营养食品分开食用，鸡蛋可以采用西红柿炒鸡蛋、鸡蛋羹、芙蓉蛋等做法，既利于鸡蛋营养的吸收，又美味可口。茶叶最好在饭后1小时饮用，或者用茶叶做饭也是不错的选择，茶水烧饭、煮粥，不仅可使米饭色、香、味俱佳，而且营养物质不会损失，经常食用还有去腻、洁口、化食和防治疾病等益处。方法也很简单，取茶叶少许，先泡开，滤渣取水煮饭即可。

真空包装的食品为什么可以保鲜？

真空包装是将包装容器内的空气全部抽出密封，维持袋内处于高度减压状态，空气稀少相当于低氧效果，使微生物没有生存条件，以达到果品新鲜、无病腐发生的目的。目前应用的有塑料袋内真空包装、铝箔包装、玻璃器皿、塑料及其复合材料包装等。可根据物品种类选择包装材料。由于果品属鲜活食品，尚在进行呼吸作用，高度缺氧会造成生理病害，因此，果品类使用真空包装的较少。

真空包装中重要的其一环节是除氧，有利于防止食品变质。其原理也比较简单，因食品霉腐变质主要由微生物的活动造成，而大多数微生物（如霉菌和酵母菌）的生存是需要氧气的，而真空包装就是运用这个原理，把包装袋内和食品细胞内的氧气抽掉，使微生物失去"生存的环境"。实验证明：当包装袋内的氧气浓度≤1%时，微生物的生长和繁殖速度就会急剧下降；氧气浓度≤0.5%，大多数微生物将受到抑制而停止繁殖。（注：真空包装不能抑制厌氧菌的繁殖和酶反应引起的食品变质和变色，因此还需与其他辅助方法结合，如冷藏、速冻、脱水、高温杀菌、辐照灭菌、微波杀菌、盐腌制等。）

真空除氧除了抑制微生物的生长和繁殖外，另一个重要功能是防止食品氧化，因油脂类食品中含有大量不饱和脂肪酸，受氧的作用而氧化，使食品变味、变质。此外，氧化还使维生素 A 和维生素 C 损失，食品色素中的不稳定物质受氧的作用，使颜色变暗。所以，除氧能有效地防止食品变质，保持其色、香、味及营养价值。

真空包装中重要的另一环节是充气。真空充气包装的主要作用除真空包装所具备的除氧保质功能外，主要还有抗压、阻气、保鲜等作用，能更有效地使食品长期保持原有的色、香、味、形及营养价值。另外，有许多食品不宜采用真空包装，而必须采用真空充气包装，如松脆易碎食品、易结块食品、易变形走油食品、有尖锐棱角或硬度较高会刺破包装袋的食品等。食品经食品真空包装机真空充气包装后，包装袋内充气压强大于包装袋外大气压强，能有效地防止食品受压破碎变形，并不影响包装袋外观及印刷装潢。

真空充气包装在真空后再充入氮气、二氧化碳、氧气单一气体或 2～3 种气体的混合气体。其中氮气是惰性气体，起充填作用，使袋内保持正压，以防止袋外空气进入袋内，对食品起到一个保护作用。氧化碳气能够溶于各类脂肪或水中，形成酸性较弱的碳酸，有抑制霉菌、腐败细菌等微生物的活性。氧气具有抑制厌氧菌的生长繁殖，保持水果、蔬菜的新鲜及色彩，高浓度氧气可使新鲜肉类保持其鲜红色。

在食品行业，真空包装应用非常普遍，各种熟制品，如鸡腿、火腿、香肠、烤鱼片、牛肉干等；腌制品，如各种酱菜以及豆制品、果脯等各种各样需要保鲜的食品越来越多地采用真空包装。经过真空包装的食品保鲜期长，大大延长食品的保质期。

我们的身体为什么需要铁元素？

铁是人体含量的必需微量元素，人体内铁的总含量约4～5克，是血红蛋白的重要组成部分。人全身都需要它。这种矿物质而已存在于向肌肉供给氧气的红细胞中。它还是需多酶和免疫系统化合物的成分。人体从食物中摄取所需的大部分铁，并小心控制着铁含量。

我们的身体为什么会需要铁呢？

1. 铁是血红蛋白的重要部分，而血红蛋白的功能是向细胞输送氧气，并将二氧化碳带出细胞。血红蛋白中4个血红素和4个球蛋白链接的结构提供一种有效机制，即能与氧结合而不被氧化，在从肺输送氧到组织的过程中起着关键作用。

2. 肌红蛋白是由一个血红素和一个球蛋白链组成，仅存在于肌肉组织内，基本功能是在肌肉中转运和储存氧。

3. 细胞色素是一系列血红素的化合物，通过其在线粒体中的电子传导作用，对呼吸和能量代谢有非常重要的影响，如细胞a、b和c是通过氧化磷酸化作用产生能量所必需的。

4. 其他含铁酶中铁可以是非血素铁，参与能量代谢的NAP脱氢酶和琥珀脱氢酶，也有含血红素铁的对氧代谢副产物分子起反应的氢过氧化物酶，还有多氧酶（参与三羧酸循环）、磷酸烯醇丙酮酸羟激酶（糖产生通路限速酶）、核苷酸还原酶（DNA合成所需的酶）。

5.铁元素催化促进β-胡萝卜素转化为维生素A、嘌呤与胶原的合成，抗体的产生，脂类从血液中转运以及药物在肝脏的解毒等。铁与免疫的关系也比较密切。有研究表明，铁可以提高机体的免疫力，增加中性白细胞和吞噬细胞的吞噬功能，同时也可使机体的抗感染能力增强。阿胶是我国传统的补血配方，乳酸亚铁是很好的二价补铁制剂，市场上很多补血产品将它们单独作为配方来用。而铁之缘片是将乳酸亚铁、阿胶和蛋白锌都作为功效成分，补铁、生血加营养三效合一，能更好地预防和改善贫血，增强人体免疫力。

铁在食物中主要存在两种形式：一是非血红素铁，主要存在于食物中。这种形式的铁必须在胃酸作用下，还原成亚铁离子后才能被吸收。影响其吸收因素较多，如饮食中含有较多植酸盐、草酸盐、碳酸基，则可与铁形成不溶性铁，抑制铁的吸收。谷类中铁的吸收率低，原因就在于此。服用过多的抗酸药物，亦不利于铁离子的释出，阻碍铁的吸收。

此外也有很多因素对铁的吸收有益。维生素C可与铁形成可溶性混合物，使铁在高pH条件下也能呈溶解状态有利于铁的吸收。动物蛋白质如牛肉、猪肉、肝脏、鱼等存在肉类因子，也可促进铁的吸收，但牛奶、蛋类无此作用。在有充足膳食钙存在时，可除去抑制铁吸收的磷酸根、草酸根，亦有利于铁的吸收。

二是血红素铁，是与血红蛋白、肌红蛋白中卟啉结合的铁。它以卟啉铁形式直接被肠黏膜上皮细胞吸收。此类型铁既不受植酸根等抑制因素影响，也不受维生素C等促进因素影响，使胃黏膜分泌的内因子有促进其吸收作用。

总的来看，植物性食物铁的吸收率较低，多在 10% 以下，动物性食物吸收率较高，但牛奶为贫铁食物，蛋类中由于存在卵黄高磷蛋白铁吸收率亦较低。为了防止缺铁的形成，日常膳食中应多搭配动物肝脏、动物全血、肉类、鱼类等。

自来水笔为什么一写字就会自动出水？

当你用自来水笔写字的时候，纸上立刻就现出字迹。你可曾想过：为什么你写字的时候，自来水笔里的墨水会源源不绝地跑出来？你不写的时候，它就不出来呢？

我们来做个实验：拿一根细玻璃管插入盛有水的玻璃杯里，水就很快地从细玻璃管中往上升，而且管子里的水面比玻璃杯内的水面还要高。这个现象叫做毛细现象。自来水笔就是应用毛细原理加以设计的。它依靠笔身上一系列毛细槽和笔尖上的细缝，把笔胆里的墨水输送到笔尖。书写的时候，笔尖一碰到纸张，墨水就附着在纸上，因而纸上留下了明显的字迹。

不写字的时候，自来水笔里的水为什么不流出来呢？让我们再做个实验来说明这个问题：用一块硬纸片盖在装满水的玻璃杯上，按住纸片，并迅速地将玻璃杯和纸片侧转向下，再放开按住纸片的手，只见满满一杯水仍留在玻璃杯里不流出来。难道一杯水的重量推不动一张纸吗？不是的。这是由于大气压强作用在硬纸片上，把水的重量抵住了。不写字的时候，自来水笔里的墨水不流出来的道理也是一样的，因为笔胆外面的大气压强比笔胆里的压强大，所以能够暂时把墨水抵住。

生活与交通

有些老式的自来水笔，在你正写着字的时候，往往会突然漏出一大滴墨水染污了纸张。你注意过没有，这种不愉快的事大都发生在冬天，而且是笔胆里的聚水较少的时候，这是什么原因呢？因为冬天人的体温比笔胆里的温度高，人的体温通过手传到笔胆内，笔胆里的空气一受热就发生膨胀。当笔胆里的墨水较少时，笔胆里的空气就较多，空气越多，受热后膨胀得越厉害，把笔胆内的墨水挤出来也越多，老式笔舌上的几条毛细槽，不能把从笔胆里挤出来的墨水全部储蓄起来，于是产生了漏水现象。一般比较新式的自来水笔，在笔舌上都有较多的蓄水毛细槽或储水器，能够把多余的墨水全部储蓄起米，所以不会漏水。

不锈钢为什么耐腐蚀？

不锈钢是指耐空气、蒸汽、水等弱腐蚀介质和酸、碱、盐等化学浸蚀性介质腐蚀的钢，又称不锈耐酸钢。实际应用中，常将耐弱腐蚀介质腐蚀的钢称为"不锈钢"，而将耐化学介质腐蚀的钢称为"耐酸钢"。由于两者在化学成分上的差异，前者不一定耐化学介质腐蚀，而后者则一般均具有不锈性。不锈钢的耐蚀性取决于钢中所含的合金元素。

所有金属都和大气中的氧气进行反应，在表面形成氧化膜。不幸的是，在普通碳钢上形成的氧化铁继续进行氧化，使锈蚀不断扩大，最终形成孔洞。可以利用油漆或耐氧化的金属（例如，锌、镍和铬）进行电镀来保证碳钢表面，但是，正如人们所知道的那样，这种保护仅是一种薄膜。如果保护层被破坏，下面的钢便开始锈蚀。

不锈钢的耐腐蚀性取决于铬，但是因为铬是钢的组成部分之一，所以保护方法不尽相同。

在铬的添加量达到10.5%时，钢的耐大气腐蚀性能显著增加，但铬含量更高时，尽管仍可提高耐腐蚀性，但不明显。原因是用铬对钢进行合金化处理时，把表面氧化物的类型改变成了类似于纯铬金属上形成的表面氧化物。这种紧密黏附的富铬氧化物保护表面，防止进一步氧化。

这种氧化层极薄,透过它可以看到钢表面的自然光泽,使不锈钢具有独特的表面。而且,如果损坏了表层,所暴露出的钢表面会和大气反应进行自我修理,重新形成这种氧化物"钝化膜",继续起保护作用。

因此,所有的不锈钢元素都具有一种共同的特性,即铬含量均在10.5%以上。

为什么灯泡会发光？

在灯泡发明之前，在太阳下山后想要照明一个地方可是一个费劲而危险的事情，要用蜡烛或者火把来照明。虽然当时的油灯还算不错，但它总是会留下烟灰。

18世纪中期，电气科学真正有了发展，当时发明家大声疾呼要发明一个实用的家庭照明的装置。英国发明家斯万和美国发明家爱迪生在1897年发明了电灯泡，现代的电灯泡与当年爱迪生发明的电灯泡没有本质上的改变，只是多了一些部件。

灯泡的结构非常简单，在它的底部有两个金属接触点，是用来连接电的。金属接触点有两条接触到一个薄金属灯丝的线。灯丝坐落在灯泡的中央，由一个玻璃支撑住。线和灯丝都包在充满惰性气体的玻璃灯泡的里面，通常都是氩惰性气体。当灯泡连上电源的时候，电流就会从其中一个接触点，流到另一个接触点，然后再流到线和灯丝。实心导体线电流中的大量自由电子从负极带电区移动到正极带电区。振动原子的跳跃电子可能暂时被推到一个更高的能量位置。当它们落回原始正常位置的时候，电子就会以光子形式释放出额外能量。金属原子释放大部分的红外线可见光子，人们的眼睛是可以看见的。但如果它们被加热到大约

生活与交通

↑ 灯泡

4000 华氏温度的时候灯泡就会发出大量的可见光。

　　几乎在所有的白炽灯泡都用到钨，因为它是最理想的灯丝材料。金属必须要加热到极高的温度才会发出有用可见光。实际上大多数金属在达到这个温度之前都会熔化，而钨丝却有着不寻常的高熔化温度。但钨丝在这么高的温度时会起火，如果在条件允许的情况下，两种化学物之间就会产生反应而引起燃烧。灯泡里的灯丝是由一个密封、无氧空间覆盖来防止燃烧的。把灯泡里的空气都吸出来创造一个接近真空的状态——就是说里面没有任何物质。由于几乎没有任何气体物质在里面，所以物质就不会燃烧。这个方法存在一个问题就是钨原子蒸发作用。在这么高的温度里，在一个真空灯泡里，自由钨原子以直线射出。随着越来越多的原子蒸发，灯丝就开始衰变并且玻璃开始变黑。这大大减少了灯泡的寿命。

在现代灯泡里使用的惰性气体通常是氩气，这大大减少了钨的损失。当一个钨原子蒸发，它就会和一个氩原子碰撞，并且由于惰性气体通常都不和其他元素反应，所以就没有了燃烧反应。便宜和容易使用，灯泡已经证明了一个巨大成功。

灯泡仍然是室内最受欢迎的照明选择。但它最终还是会让位给更先进的技术，因为不够节能。白炽灯泡所发出的大多数能量都是以带热红外线可见光子方式发出的，产生的光大约只有10%是可见光谱，这浪费了很多电力。暖光源，比如荧光灯和LED灯，它们并不浪费大量能量产生热，并且发出大部分可见光。因此，它们会慢慢地取代灯泡。

声控灯为什么能发声控制？

声控灯是一种声控的电子照明装置，声控灯由话筒、音频放大器、选频电路、倍压整流电路、鉴幅电路、恒压源电路、延时开启电路、可控延时开关电路、可控硅电路组成。

而声控灯有一种有趣的现象，那就是光线充足时，任你发出多大的声音都不亮；但在黑夜，轻轻一声它就发出了亮光，这是为什么呢？原来声控灯是光控电路，以使其在光线足够的时候不工作，所以声控灯的控制盒是声、光同时控制的，在光亮度能达到的情况下，灯不会亮。你可以做一个小实验，你用手遮挡声控开关的光控原件，然后再发出声音，灯就会亮了。

声控灯全名为声光控灯，因为和光线也有关系，白天你放鞭炮它都不会亮。

光控电子的"开"和"关"是靠可控硅的导通和阻断来实现的，而可控硅的导通和阻断又是受自然光的亮度（或人为亮度）的大小所控制的。该装置适合作为街道、宿舍走廊或其他公共场所照明灯，起到日熄夜亮的控制作用，以节约用电。

回声对人类有哪些作用？

声波在传播过程中，碰到大的反射面（如建筑物的墙壁等）在界面将发生反射，人们把能够与原声区分开的反射声波叫做回声。

人耳能辨别出回声的条件是反射声具有足够大的声强，并且与原声的时差须大于0.1秒。当反射面的尺寸远大于入射声波长时，听到的回声最清楚。

关于回声的应用，声呐装置可谓典型。用回声测海深、测冰山的距离和敌方潜艇的方位，都是由不同功能的声呐装置完成的。

1912年，英国大商船泰坦尼克号在赴美途中发生了与冰山相撞沉没的悲剧。这次大的海难事件引起了全世界的关注。为了寻找沉船，美国科学家设计并制造出第一台测量水下目标的回声探测仪，用它在船上发出声波，然后用仪器接收障碍物反射回来的声波信号。测量发出信号和接收信号之间的时间，根据水中的声速就可以计算出障碍物的距离和海的深浅。第一台回声探测仪于1914年成功地发现了3千米以外的冰山。实际上这就是现在被广泛应用于国防、海洋开发事业的声呐装置的雏形。

第一次世界大战时，德国潜水艇击沉了协约国大量战舰、船只，几乎中断了横跨大西洋的海上运输线。当时潜水艇潜在水下，看不见，摸不着，一时横行无敌。于是利用水声设备搜寻潜水艇和水雷就成了关键的问题。法国著名物理学家保罗·郎之万等人研究并制造出了第一部主动式声呐，1918年在地中海首次接收到2～3千米以外的潜水艇回波。这种声呐可以向水中发射各种形式的声信号，碰到需要定位的目标时产生反射回波，接收回来后进行信号分析、处理，除掉干扰，从而显示出目标所在的方位和距离。

第二次世界大战期间，由于战争需要声呐装置更趋完善。战后，人们开始实验使用军舰上的声响探测鱼群不但测到了鱼群，而且还能分辨出鱼的种类和大小。人们在此基础上研制出各种鱼探机，极大地促进了渔业的发展。

回声在地质勘探中也有广泛的应用。例如在石油勘探时，常采用人工地震的方法，即在地面上埋好炸药包，放上一列探头，把炸药引爆，探头就可以接收到地下不同层间界面反射回来的声波，从而探测出地下油矿。

在建筑方面，设计、建造大的厅堂时，必须把回声现象作为重要因素加以考虑。在封闭的空间里产生声音后，声波就在四壁上不断反射，即使在声源停止辐射后，声音还要持续一段时间，这种现象叫做"混响"。混响时间太长，会干扰有用的声音；但是混响太短也不好，给人以单调、不丰满的感觉。所以设计师们须采取必要的措施，例如，厅堂的内部形状、结构、吸声、隔声等，以获得适量的混响，提高室内的音质。

影子是如何产生的？

影子是一种光学现象，影子不是一个实体，只是一个投影。

影子的产生是由于物体遮住了光线这一科学原理。光线在同种均匀介质中沿直线传播，不能穿过不透明物体而形成的较暗区域，形成的投影就是我们常说的影子（这里说的光是可见光线）。

形成影子需光和不透明物体两个必要条件。

影子分本影和半影。我们仔细观察电灯光下的影子，会发现影子中部特别黑暗，四周稍浅。影子中部特别黑暗的部分叫本影，四周灰暗的部分叫半影。这些现象的产生都和光的直线传播有密切关系。假如把一个柱形茶叶筒放在桌上，旁边点燃一支蜡烛，茶叶筒就会投下清晰的影子；如果在茶叶筒旁点燃两支蜡烛，就会形成两个相叠而不重合的影子。两影相叠部分完全没有光线射到，是全黑的，这就是本影；本影旁边只有一支蜡烛可照到的地方，就是半明半暗的半影。如果点燃三支甚至四支蜡烛，本影部分就会逐渐缩小，半影部分会出现很多层次。物体在电灯光下能生成由本影和半影组成的影子，也是这个道理。电灯是由一条弯曲的灯丝在发光，不止限于一点。从这一个点射来的光被物体遮住了，从另一些点射过来的光并不一定全被挡住。很显然，发光物体的面积越大，本影就越小。如果我们在上述茶叶筒周围点上一圈蜡烛，这时本影完全消失，半影也淡得看不见了。

科学家根据上述原理制成了手术用的无影灯。它将发光强度很大的灯在灯盘上排列成圆形，合成一个大面积的光源。这样，就能从不同角度把光线照射到手术台上，既保证手术视野有足够的亮度，同时又不产生明显的本影，所以取名无影灯。

↑ 影

镜子里的人像为什么是左右颠倒的？

说到镜子，我们每个人真是再熟悉不过了，每天多少都要照几回镜子的，生活中还真离不开它。

然而，小小的镜子里竟隐藏着一个千古之谜，你恐怕还不知道吧？准确地说，是我们从来几乎没有考虑过这个问题。

我们在照镜子时会发现镜子里的你和你是左右颠倒的，即你的左手在镜子里是你的右手。这里就有

↑ 观后镜

问题了，为什么镜像只是左右颠倒而不是上下颠倒呢？我们的头和脚为何没有发生颠倒？这个问题早在公元前360年大哲学家柏拉图就开始了研究。直到现在还有很多获得诺贝尔奖的大师在研究，绞尽脑汁，可惜仍然没找到满意的答案。日本有位科学家也通过心理学进行了深入研究。他认为镜像的难题在于镜像发生了翻转，镜子里的人好像是我们从旁边进去转了180度，他认为是人的眼睛在形成视觉时错误地传导给了大脑。奇怪的是，汽车的后视镜并没有出现左右颠倒的事情，里面的镜像，左是左，右还是右。一本科学杂志最后感叹，镜子充满着神秘，是我们通向另一个世界的入口。

镜子成像真就这么难吗？其成像原理我们早在初中物理课上就已经学过，问题的出现在于镜像给人设置了一个目障，是镜子里的人和你开了个玩笑而已。如果你不把镜子里的人看成一个你转了180度的人的话，这个问题就迎刃而解了。这还需要你深刻理解镜子的成像原理，并及时做个脑筋急转弯。镜子里的像并没有左右颠倒，更不会出现上下颠倒，它只是如实地反映了它面前的那个物体而已。

烟花绽放出美丽的图案是什么原理？

烟花的化学原理，其实和爆竹大同小异，其结构都包含黑火药和药引。点燃烟花后，发生化学反应引发爆炸，而爆炸过程中所释放出来的能量，绝大部分转化成光能呈现在我们眼前。制作烟花的过程中加入一些发光剂和发色剂能够使烟花放出五彩缤纷的颜色。

发光剂是金属镁或金属铝的粉末。当这些金属燃烧时，会发出白炽的强光。发色剂其实只不过是一些金属化合物。金属化合物含有金属离子，当这些金属离子被燃烧时，会放出独特的火焰颜色。不同种类的金属化合物在燃烧时，会发放出不同颜色的光芒。举例说，氯化钠和硫酸钠都属于钠的化合物，它们在燃烧时便会发出金黄色火焰。同样道理，硝酸钙和碳酸钙在燃烧时会发出砖红色火焰。在化学科，我们常常会运用以上结果来测试物质中所含的金属。这种类型的实验称为焰色试验。烟花便是利用金属的这种特性制成的。制作烟花的人经过巧妙的排列，决定燃烧的先后次序。这样，烟花引爆后，便能在漆黑的天空中绽放出鲜艳夺目、五彩缤纷的图案了。

焰火要飞得高炸得开，效果才会好。所以，礼花弹中填充了大量用于发射以及爆炸的火药，只有这样才能达到好的表演效果。例如，一个

生活与交通

← 烟花绽放

直径为 20 厘米的礼花弹在发射后，要上升到大概 200 米的高空才会爆炸开来，让我们欣赏到五颜六色的星星点点，而这些星星点点覆盖的半径大约有 80 米。

不要小看这些星星点点，它们的温度可不低。在发光发亮时，它们的温度能超过 1000℃！正是在这样的高温下，礼花弹中填充的各种特制金属材料才能吸收到足够的能量，发出绚丽的光芒，这就是中学常讲的焰色反应。正是因为不同的金属原子在高温下能够发出不同颜色的光，我们才能看到颜色各异的焰火。

不过，焰色反应有一个很严重的缺点，就是通常需要高温。所以，我们看到焰火晚会中的点点焰火，温度都是非常高的。一般在工艺中，我们使用金属可燃物来达到这样的温度，比如说铝、镁等。铝燃烧时放出的热量很多，甚至可以将铁熔化（熔点大约 1500℃）。即使焰火的残渣掉到地上时，内部温度也可以达到 300℃，绝不仅仅是"有点烫"而已。所以，规定一个安全距离是非常重要的。

霓虹灯是依据什么原理做成的？

霓虹灯是城市的美容师，每当夜幕降临时，华灯初上，五颜六色的霓虹灯就把城市装扮得格外美丽。那么，霓虹灯是怎样发明的呢？

据说，霓虹灯是英国化学家拉姆赛在一次实验中偶然发现的。那是1898年6月的一个夜晚，拉姆赛和他的助手正在实验室里进行实验，目的是检查一种稀有气体是否导电。

拉姆赛把一种稀有气体注射到真空玻璃管里，然后把封闭在真空玻璃管中的两个金属电极连接到高压电源上，聚精会神地观察这种气体能否导电。

突然，一个意外的现象发生了：注入真空管的稀有气体不但开始导电，而且还发出了极其美丽的红光。这种神奇的红光使拉姆赛和他的助手惊喜不已，他们打开了霓虹世界的大门。

拉姆赛把这种能够导电并且发出红色光的稀有气体命名为氖气。后来，他继续对其他气体导电和发出有色光的特性进行实验，相继发现了氙气能发出白色光，氩气能发出蓝色光，氦气能发出黄色光，氪气能发出深蓝色光……不同的气体能发出不同的色光，五颜六色，犹如天空美丽的彩虹。霓虹灯也由此得名。

制造霓虹灯的办法，是采用低熔点的钠——钙硅酸盐玻璃做灯管，根据需要设计不同的图案和文字，用喷灯进行加工，然后烧结电极，再用真空泵抽空，并根据要求的颜色充进不同的稀有气体而制成。现在制造的霓虹灯更加精致，有的将玻璃管弯曲成各种各样的形状，制成更加动人的图形；还有的在灯管内壁涂上荧光粉，使颜色更加明亮多彩；有的霓虹灯装上自动点火器，使各种颜色的光次第明灭，交相辉映，使城市之夜变得绚丽多彩。

霓虹灯自 1910 年问世以来，历经百年不衰。它是一种特殊的低气压冷阴极辉光放电发光的电光源，而不同于其他诸如荧光灯、高压钠灯、金属卤化物灯、水银灯、白炽灯等弧光灯。霓虹灯是靠充入玻璃管内的低压惰性气体，在高压电场下冷阴极辉光放电而发光。霓虹灯的光色由充入惰性气体的光谱特性决定：光管型霓虹灯充入氖气，霓虹灯发红色光；荧光型霓虹灯充入氩气及汞，霓虹灯发蓝色、黄色等光，这两大类霓虹灯都是靠灯管内的工作气体原子受辐射发光。与其他电光源相比，霓虹灯具有以下特点：

1. 高效率

霓虹灯是依靠灯光两端电极头在高压电场下将灯管内的惰性气体击燃，它不同于普通光源必须把钨丝烧到高温才能发光，造成大量的电能以热能的形式被消耗掉。因此，用同样多的电能，霓虹灯具有更高的亮度。

2. 温度低，使用不受气候限制

霓虹灯因其冷阴极特性，工作时灯管温度在 60℃ 以下，所以能置于露天日晒雨淋或在水中工作。同样因其工作特性，霓虹灯光谱具有很强的穿透力，在雨天或雾天仍能保持较好的视觉效果。

3. 低能耗

在技术不断创新的时代，霓虹灯的制造技术及相关零部件的技术水平也在不断进步。新型电极、新型电子变压器的应用，使霓虹灯的耗电量大大降低，由过去的每米灯管耗电 56 瓦降到现在的每米灯管耗电 12 瓦。

4. 寿命长

霓虹灯在连续工作不断电的情况下，寿命达 1 万小时以上，这一优势是其他任何电光源都难以达到的。

5. 制作灵活，色彩多样

霓虹灯是由玻璃管制成的，经过烧制，玻璃管能弯曲成任意形状，具有极大的灵活性。通过选择不同类型的玻璃管并充入不同的惰性气体，霓虹灯能得到五彩缤纷、多种颜色的光。

6. 动感强，效果佳，经济实用

霓虹灯画面由常亮的灯管及动态发光的扫描管组成，可设置为跳动式扫描、渐变式扫描、混色变色七种颜色扫描。扫描管由装有微电脑芯片编程的扫描机控制，扫描管按编好的程序或亮或灭，组成一幅幅流动的画面，似天上彩虹，像人间银河，更酷似一个梦幻世界，引人入胜，使人难以忘怀。因此，霓虹灯是一种投入较少、效果较佳、经济实用的广告形式。

生活与交通

↑ 霓虹灯

霓虹灯是一种冷阴极辉光放电管,其辐射光谱具有极强的穿透大气的能力。色彩鲜艳绚丽,发光效率明显优于普通的白炽灯,它的线条结构表现力丰富,可以加工弯制成任何几何形状,满足设计要求。通过电子过程控制,可变幻色彩的图案和文字受到人们的欢迎。

霓虹灯的亮、美、动的特点,是目前任何电光源所不能替代的,在各类新型光源不断涌现和竞争中独领风骚。

空调是如何制冷的？

空调即空气调节器，挂式空调是一种用于给空间区域（一般为密闭）提供处理空气的机组。它的功能是对该房间（或封闭空间、区域）内空气的温度、湿度、洁净度和空气流速等参数进行调节，以满足人体舒适

↑ 空调

或工艺过程的要求。

在空调设计与制造中，一般允许将温度控制在16℃~32℃之间。如若温度设定过低时，一方面增加不必要的电力消耗；另一方面造成室内外温差偏大时，人们进出房间不能很快适应温度变化，容易患感冒。

那么，空调是如何制冷的呢？

压缩机将气态的制冷剂压缩为高温高压的液态制冷剂，然后送到冷凝器（室外机）散热后成为常温高压的液态制冷剂，所以室外机吹出来的是热风。

然后到毛细管，进入蒸发器（室内机），由于制冷剂从毛细管到达蒸发器后空间突然增大，压力减小，液态的制冷剂就会汽化，变成气态低温的制冷剂，从而吸收大量的热量，蒸发器就会变冷。室内机的风扇将室内的空气从蒸发器中吹过，所以室内机吹出来的就是冷风。空气中的水蒸气遇到冷的蒸发器后就会凝结成水滴，顺着水管流出去，这就是空调会出水的原因。

然后气态的制冷剂回到压缩机继续压缩，继续循环。

制热的时候有一个叫四通阀的部件，使制冷剂在冷凝器与蒸发器的流动方向与制冷时相反，所以制热的时候室外吹的是冷风，室内机吹的是热风。

空调其实就是利用的初中物理里学到的液化（由气体变为液体）时要排出热量和汽化（由液体变为气体）时要吸收热量的原理。

空调如何使用才会省电？

1. 不要贪图空调的低温，温度设定适当即可。因为空调在制冷时，设定温度高2℃，就可节电20%。对于静坐或正在进行轻度劳动的人来说，室内可以接受的温度一般在27℃～28℃之间。

2. 过滤网要经常清洗。太多的灰尘会塞住网孔，使空调加倍费力。

3. 改进房间的维护结构。对一些房间的门窗结构较差，缝隙较大的，可做一些应急性改善。如用胶水纸带封住窗缝，并在玻璃窗外贴一层透明的塑料薄膜、采用遮阳窗帘，室内墙壁贴木制板或塑料板，在墙外涂刷白色涂料等，以减少通过外墙带来的冷气损耗。

4. 选择制冷功率适中的空调。一台制冷功率不足的空调，不仅不能提供足够的制冷效果，而且由于长时间不断地运转，还会缩短空调的使用寿命，增加空调产生使用故障的可能性。另外，如果空调的制冷功率过大，就会使空调的恒温器过于频繁地开关，从而导致对空调压缩机的磨损加大，同时，也会造成空调耗电的增加。

5. 空调制冷时，导风板的位置调置为水平方向，制冷的效果会更好。

6. 连接室内机和室外机的空调配管短且不弯曲，制冷效果好且不费电。即使不得已必须弯曲的话，也要保持配管处于水平位置。

生活与交通

使用微波炉应注意哪些禁忌？

微波炉，顾名思义，就是用微波来煮饭烧菜的。微波炉是一种用微波加热食品的现代化烹调灶具。

使用微波炉是很方便的，但是你知道微波炉的使用有哪些必须知道的禁忌吗？我们在日常生活中必须牢记这些禁忌，不然可能会造成不可想象的后果。

1. 忌用容器

忌用普照通塑料容器：一是热的食物会使塑料容器变形，二是普

← 微波炉

通塑料会释放出有毒物质，污染食物，危害人体健康。忌用金属器皿：因为放入炉内的铁、铝、不锈钢、搪瓷等器皿，微波炉在加热时会与之产生电火花并反射微波，既损伤炉体又不能加热食物。忌用封闭容器：加热液体时应使用广口容器，因为在封闭容器内食物加热产生的热量不容易散发，使容器内压力过高，易引起爆破事故。忌用瓶颈窄小的瓶装食物：就算打开了盖亦因压力而膨胀，引致爆炸。忌用半满开了盖的瓶装婴儿食物或原瓶放入炉内加热，以免瓶子破裂。凡竹器、漆器等不耐热的容器，有凹凸状的玻璃制品，均不宜在微波炉中使用。瓷制碗碟不能镶有金、银花边。要使用专门的微波炉器皿盛装食物放入微波炉中加热。

2. 忌超时加热

食品放入微波炉解冻或加热，若忘记取出，如果时间超过2小时，则应丢掉不要，以免引起食物中毒。微波炉的加热时间要视材料及用量而定，还和食物新鲜程度、含水量有关。由于各种食物加热时间不一，故在不能肯定食物所需加热时间时，应以较短时间为宜。加热后可视食物的生熟程度再追加加热时间。否则，如时间太长，会使食物变得发硬，失去香、色、味，甚至产生毒素。按照食物的种类和烹饪要求，调节定时及功率（温度）旋钮，可以仔细阅读说明书，加以了解。

3. 忌将肉类加热至半熟后再用微波炉加热

因为在半熟的食品中细菌仍会生长，第二次再用微波炉加热时，由于时间短，不可能将细菌全部杀死。冰冻肉类食品须先在微波炉中解冻，然后再加热为熟食。

4. 忌再冷冻经微波炉解冻过的肉类

因为肉类在微波炉中解冻后，实际上已将外面一层低温加热了，在此温度下细菌是可以繁殖的，虽再冷冻可使其繁殖停止，却不能将活菌杀死。已用微波炉解冻的肉类，如果再放入冰箱冷冻，必须加热至全熟。

5. 忌油炸食品

因高温油会发生飞溅导致火灾。如万一不慎引起炉内起火时，切忌开门，而应先关闭电源，待火熄灭后再开门降温。

6. 忌将微波炉置于卧室

不要将微波炉放在卧室。同时应注意不要用物品覆盖微波炉上的散热窗栅。

7. 忌长时间在微波炉前工作

开启微波炉后，人应远离微波炉或人距离微波炉至少在1米之外。

8. 忌与其他电器共享同一插座

要用单一电源而且装接了地线的插座。

9. 忌用微波炉热婴儿的牛奶

因为牛奶热得不均匀时，容易灼伤婴儿。

10. 忌用微波炉去烘干衣服

不能用微波炉烘干衣服，或者把硬化的指甲油煮软，以防起火。

11. 忌徒手去移出微波炉内的食物

盛器及盖子加热后往往积聚了蒸汽，又会吸收食物的热气，而变得十分烫手，应该用防热手套或垫子，以防灼伤。

另外，微波炉由于烹饪的时间很短，对食物营养的破坏相当有限，能很好地保持食物中的维生素和天然风味。而且微波食物中矿物质、氨基酸的存有率也比其他烹饪方法高。比如，用微波炉煮青豌豆，可以使维生素 C 几乎一点都不损失。另外，微波还可以消毒杀菌。

微波炉不适合烹饪含盐量高的食品，应尽量减少用盐量，这样可避免烹饪的食物外熟内生。

微波炉不适合烹饪大块食物，最好将食物切成 5 厘米以下的小块。食品形状越规则，微波加热越均匀。

煤气中毒是什么原因？

家庭中煤气中毒主要指一氧化碳中毒，液化石油气、管道煤气、天然气中毒。煤气中毒时病人最初感觉为头痛、头昏、恶心、呕吐、软弱无力，当他意识到中毒时，常挣扎下床开门、开窗，但一般仅有少数人能打开门，大部分病人迅速发生抽搐、昏迷，两颊、前胸皮肤及口唇呈樱桃红色，如救治不及时，可很快出现呼吸抑制而死亡。

1. 常见的煤气中毒原因：

（1）生活用煤不装烟筒，或是装了烟筒但却堵塞、漏气，会使室内一氧化碳浓度增高。

（2）室内用炭火锅涮肉、烧烤用餐，而门窗紧闭通风不良，容易造成一氧化碳停留时间过长。

（3）火灾现场会产生大量一氧化碳。

（4）冬天在门窗紧闭的小车内连续发动汽车，产生大量含一氧化碳的废气。

（5）煤气热水器安装使用不当。

（6）自制土暖气取暖，虽与煤炉分室而居，但发生泄漏、倒风引起煤气中毒。

(7) 城区居民使用管道煤气，管道中一氧化碳浓度为 25%～30%，如果管道漏气、开关不紧或烧煮中火焰被扑灭后，煤气大量溢出，可造成中毒。

煤气中毒依其吸入空气中所含一氧化碳的浓度、中毒时间的长短，常分三型：

(1) 轻型：中毒时间短，血液中碳氧血红蛋白为 10%～20%。表现为中毒的早期症状，头痛、眩晕、心悸、恶心、呕吐、四肢无力，甚至出现短暂的昏厥，一般神志尚清醒，吸入新鲜空气，脱离中毒环境后，症状迅速消失，一般不留后遗症。

(2) 中型：中毒时间稍长，血液中碳氧血红蛋白占 30%～40%，在轻型症状的基础上，可出现多汗、烦躁、走路不稳、皮肤苍白、意识模糊、困倦乏力、虚脱或昏迷等症状，皮肤和黏膜呈现煤气中毒特有的樱桃红色。如抢救及时，可迅速清醒，数天内完全恢复，一般无后遗症状。

(3) 重型：发现时间过晚，吸入煤气过多，或在短时间内吸入高浓度的一氧化碳，血液中碳氧血红蛋白浓度常在 50%以上，病人呈现深度昏迷，各种反射消失，大小便失禁，四肢厥冷，血压下降，呼吸急促，会很快死亡。

发现有人煤气中毒应如何救护：

2. 现场急救

(1) 立即打开门窗，移病人于通风良好、空气新鲜的地方，注意保暖。

(2) 松解衣扣，保持呼吸道通畅，清除口鼻分泌物，如发现呼吸骤停，应立即进行口对口人工呼吸，并作出心脏体外按摩。

（3）立即进行针刺治疗，取穴为太阳、列缺、人中、少商、十宣、合谷、涌泉、足三里等。轻、中度中毒者，针刺后可以逐渐苏醒。

（4）立即给氧，有条件时应立即转医院高压氧舱室作高压氧治疗，尤适用于中、重型煤气中毒患者，不仅可使病者苏醒，还可使后遗症减少。

（5）立即静脉注射50%葡萄糖液50毫升，加维生素C 500～1000毫克。轻、中型病人可连用2天，每天1～2次，不仅能补充能量，而且有脱水之功，早期应用可预防或减轻脑水肿。

（6）昏迷者按昏迷病人的处理方法进行。

3. 后续处理

（1）坚持早晨到公园或在阳台进行深呼吸运动，如扩胸运动、打太极拳，每天30分钟左右，轻、中型中毒者应连续晨练7～14天；重型中毒者可根据后遗症情况，连续晨练3～6个月，作五禽戏、铁布衫功、八段锦等。

（2）继续服用金维他每天1～2丸，连服7～14天，或维生素C 0.1～0.2克，每天3次，亦可适量服用维生素B_1、B_6，复合维生素B等。

（3）检查煤气使用情况，以防再次中毒：

①检查煤气有无漏泄，安装是否合理，燃气灶具有无故障，使用方法是否正确等。

②冬天取暖方法是否正确，煤气管道是否畅通，室内通风是否良好等。

③尽量不使用煤炉取暖，如果使用，必须遵守煤炉取暖规则，切勿马虎。

④热水器应与浴池分室而建，并经常检查煤气与热水器连接管线的

完好。

⑤如入室后感到有煤气味,应迅速打开门窗,并检查有无煤气泄漏或有煤炉在室内,切勿点火。

⑥经常擦拭灶具,保证灶具不致造成人体污染,在使用煤气开关后,应用肥皂洗手,并用流水冲净。在厨房内安装排气扇或抽油烟机。

⑦一定要使用煤气专用橡胶软管,不能用尼龙、乙烯管或破旧管,每半年检查一次管道通路。

Part 2
交通中的科学

你知道哪些交通知识？

1. 交通标线

马路上用漆画的各种各样颜色线条是"交通标线"。道路中间长长的黄色或白色直线，叫"车道中心线"。它是用来分隔来往车辆，使它们互不干扰。中心线两侧的白色虚线，叫"车道分界线"，是规定机动车在机动车道上行驶。非机动车在非机动车道上行驶。在路口四周有一根白线是"停止线"。红灯亮时，各种车辆应该停在这条线内。马路上用白色平等线像斑马纹那样的线条组成的长廊就是"人行横道线"。行人在这里过马路比较安全。

2. 隔离设施

交通隔离设施主要有行人护栏和隔离墩或绿化隔离带。行人护栏是用来保护行人安全，防止行人横马路走入车行道和防止车辆驶入人行道的。隔离墩或绿化隔离带是设在车行道上用来隔离机动车与非机动车或来往车辆的。希望大家不要跨钻护栏和隔离墩或绿化隔离带，走进车行道，否则有被车辆撞倒的危险。

3. 交通信号灯

在繁忙的十字路口，四面都悬挂着红、黄、绿三色交通信号灯，它是不出声的"交通警"。红绿灯是国际统一的交通信号灯。红灯是停止信号，绿灯是通行信号。交叉路口，几个方向来的车都汇集在这儿，有的要直行，有的要拐弯，到底让谁先过，这就要听从红绿灯指挥。红灯亮，停或左转弯，在不碍行人和车辆的情况下，允许车辆右转弯；绿灯亮，准许车辆直行或转弯；黄灯亮，停在路口停止线或人行横道线以内，已经继续通行；黄灯闪烁时，警告车辆注意安全。

4. 人车分流各行其道

每当你走在马路上时，就会看到许多行人和车辆来来往往，川流不息。如果行人和车辆爱怎么走就怎么走，那么就会交叉冲突，发生混乱。交通道路上用"交通标线"画出车辆、行人应走的规则。在道路上，我们可以看到各式各样的交通标志，用图案、符号和文字来表达特定的意思，告诉驾驶员和行人注意附近环境情况。这些标志对于安全行驶非常重要，被称为"永不下岗的交通警"。警告标志是警告车辆、行人注意危险地段、减速慢行的标志。禁令标志是禁止或限制车辆、行人某种交通行为的标志。指示标志是指示车辆、行人行进的标志。指路标志是传递道路方向、地点、距离信息的标志。辅助标志是对主标志起辅助说明的标志。我们应该熟悉并爱护这些标志，不能任意损坏或在上面乱涂乱画，并且自觉遵守这些标志的规定。

5. 安全走路

走路，谁不会呢？其实不然。如果我们不注意交通安全，走路也会闯祸。因此，我们上学读书、放学回家、节假日外出时，走在人来车往的交通繁忙的道路上，要遵守交通规则，增强自我保护意识。我们走路要走在人行道上。在没有人行道的地方，应靠道路右边行走。走路时，思想要集中，不要东张西望，不能一边走一边玩耍，不能一边走路一边看书，不能三五成群并排行走，不要乱过马路，更不能追赶车辆嬉戏打闹；不要在马路上踢球、溜冰、放风筝、做游戏，一旦被来往车辆撞倒，后果非常严重。

有的同学认为乱过马路没关系，反正驾驶员会刹车的。其实，汽车不是一刹就停的，由于惯性作用，刹车后车还会向前滑行一段路，这就是力的惯性作用。就像人在奔跑中，突然停下来，还会不由自主地身前冲出几步一样。何况还有可能驾驶员不注意、刹车不灵等。所以，乱穿马路是十分危险的，不少交通事故就是因为行人乱过马路造成的。血的教训应该引以为戒。

6. 不在车前车后急穿马路

有人总是喜欢在汽车前、后急穿马路，这是很危险的。驾驶员眼睛看不到的地方，被称为"视线死角"。要是有人在车前车后，驾驶员眼睛看不到的"视线死角"内急穿马路，就会造成车祸。所以我们横过马路前要注意左右来往车辆，先向左看，后向右看，当看清没有来车时才可横过马路。在有"人行横道"和"人行天桥"上行走，这样才比较安全。

7. 汽车的眼睛

汽车前面的两只"大眼睛"叫"大光灯"。夜幕降临，司机打开"大光灯"就能照亮道路。在汽车大光灯下，有两只"小眼睛"，它同车尾两边的两只"小眼睛"相互连接，这是用来指示方向的"方向灯"。汽车尾部有两只"红色的眼睛"，叫"刹车灯"。当驾驶员刹车时，这两只"红眼睛"立刻发亮，它告诉行驶在后面的车辆，注意保持距离。此外，汽车尾部还有两只"白色的眼睛"，叫"倒车灯"，汽车倒车时会发出白色光线，有的还会发出"倒车，请注意"的叫声，我们也要及时避让。

8. 汽车的"内轮差"

你知道汽车是怎样转弯的吗？汽车是依靠前轮来转向的。随着前轮的转动，汽车车身也逐渐改变方向。但是前后两只轮子转动在同一条弧线上，而是有一定距离差别的，这个差距称"内轮差"。因此，我们碰到要转弯的汽车，不能靠得太近，不要以为汽车的前轮过去就没事了。因为有"内轮差"，如果离转弯的汽车太近，很可能被后轮撞倒压伤。

9. 注意避让转弯的车辆

知道了汽车转弯时会发生"内轮差"，所以我们在过马路时，除了注意来往直行的车辆外，还要注意避让转弯行驶的车辆。当看到"方向灯"闪亮时，人离车辆远一些。千万不要以为让过车头就没事了，人与车身靠得太近，就容易被车尾撞倒，发生伤亡事故。

10. 集体外出

集体外出活动时，要在带领下排好队伍，横列不宜超过两人。行进时，就靠右侧走在人行道上。要自觉遵守纪律，不随便离队，不互相追逐嬉闹，不在交通拥挤的地方集队、停留，以免影响人、车通行。过马路时，应在人行横道上通过。在没有车辆行驶时，抓紧时间通过。如果队伍长，安全通过有困难，可请交警协助一下通过。

11. 让特种车辆先行

在马路上，我们经常可以看到警灯闪亮、警报呼叫的车辆，这些是警车、消防车、救护车或工程抢险车等特种车辆。特种车辆担负着特殊紧急任务。交通法规规定一切车辆和行人都必须让执行任务的警车、消防车、救护车和工程抢险车先行。

所以，我们如路上骑车或行走时，遇到上面这些车辆，要让他们先通过，千万不要争道抢行。

12. 不吊车、不玩车

有一些同学喜欢随便玩弄停在马路上的汽车，甚至在道路中间拦车、追车、吊车、向车辆投掷石块，以此作乐。其实这是十分危险和不道德的行为，最容易造成事故。当我们发现这种不良行为时，应该及时提醒，大胆劝阻。因为拦车和追车时容易和其他行驶中的车辆相碰撞发生伤亡事故。吊车时由于人小手劲差而半途掉下摔伤。特别是向车辆投掷石块，这是一种破坏公共财产和国家财物的不法行为，应严厉禁止；此外容易使车内人员受伤，发生交通事故。

13. 文明乘车

当前，城乡道路上是机动车、非机动车、行人混合交通，交通事故频繁发生。为了乘车时的安全，我们必须增强交通法制观念、遵守乘车规定、讲究公共道德、注意交通安全、文明乘车。做到"高高兴兴上学，平平安安回家"，这是我们每个学生应尽的职责。

我们在等乘公共汽车时，应文明乘车，在站台上有秩序地候车。要做到等车停稳后，让车上的人先下来，然后依次上车。上车后要主动买票，遇到老、弱、病、残、孕和怀抱婴儿的人应主动让座。车辆行驶时，要坐好或站稳，并抓住扶手，防止紧急刹车时摔倒。不能将身体的任何部位伸出车外，不能在车厢内大声叫嚷，做个文明的小乘客。下车后，要注意安全，不要从车前、车后、突然穿出或猛跑过马路，以免发生伤亡事故。

14. 安全过铁路道口

铁路道口比较复杂，交通十分繁忙，行人、自行车、汽车、火车等都要从道口通过。为了保证行人和车辆的安全，在铁路道口处都设置了栅栏。火车来临时，红色信号灯闪亮，栅栏关闭，行人和各种车辆停止前进，耐心等候，让火车通过。千万不要跨越栅栏，冒险抢道。通过无人看守的道口时，须停行，左右仔细观看，确认安全后，方可通行。

15. 12岁以下儿童不准骑自行车

城市道路复杂，车辆繁多。由于儿童缺少生活经验，应变能力差，同时《中华人民共和国道路交通法实施条例》也明确规定："不满十二岁的儿童不准在道路上骑自行车"。小朋友们应自觉遵守。如果到了法定的骑车年龄，也必须先认真学习有关骑自行车的规定，掌握好安全骑车的基本要领后再上道路。

交通安全须知"二十不"指哪些？

1. 不闯红灯，过马路走人行横道。
2. 未满 12 周岁不骑自行车。
3. 未满 16 周岁不骑电动自行车。
4. 不骑车带人。
5. 不在机动车道内骑车。
6. 不突然猛拐、攀附车辆、双手离把。
7. 不扶身并行、互相追逐、曲线竞驶。
8. 不乱停乱放。
9. 不在车辆临近时横穿或者中途倒退、折返。
10. 不在道路上使用滑板、旱冰鞋等滑行工具。
11. 不追车、抛物击车。
12. 不在机动车道上拦乘机动车。
13. 不跨越、骑坐隔离设施。
14. 未戴头盔不坐摩托车。
15. 转弯前须减速慢行，向后瞭望，伸手示意，不准突然猛转。
16. 车闸不灵时不准上路行使。

生活与交通

17. 不准撑伞骑自行车、三轮车等。
18. 不准在车行道上停车交谈或与机动车争道抢行。
19. 不乘坐农用车，不乘坐超员车。
20. 不携带易燃易爆物品乘车。

道路交通标志有哪些？

道路交通标志和标线是用图案、符号、文字传递交通管理信息，用以管制及引导交通的一种安全管理设施。《道路交通标志和标线》规定的交通标志分为七大类：

1. 警告标志：警告车辆和行人注意危险地点的标志。

2. 禁令标志：禁止或限制车辆、行人交通行为的标志。

3. 指示标志：指示车辆、行人行进的标志。

4. 指路标志：传递道路方向、地点、距离的标志。

5. 旅游区标志：提供旅游景点方向、距离的标志。

6. 道路施工安全标志：通告道路施工区通行的标志。

7. 辅助标志：附设于主标志下起辅助说明使用的标志。

规定的道路交通标线分为三大类：

1. 指示标线：指示车行道、行车方向、路面边缘、人行道等设施的标线。

2. 禁止标线：告示道路交通的遵行、禁止、限制等特殊规定，车辆驾驶人员及行人需要严格遵守的标线。

3. 警告标线：促使车辆驾驶人员及行人了解道路上的特殊情况，提高警觉，准备防范应变措施的标线。

公路上为何要设置交通信号灯？

道路交通信号灯是交通安全产品中的一个类别，是为了加强道路交通管理，减少交通事故的发生，提高道路使用效率，改善交通状况的一种重要工具。适用于十字、丁字等交叉路口，由道路交通信号控制机控制，指导车辆和行人安全有序地通行。

交通信号灯的种类有：机动车道信号灯，人行横道信号灯，非机动车道信号灯，方向指示信号灯，移动式交通信号灯，太阳能闪光警告信号灯，收费站天棚信号灯。

← 人行横道信号灯

LED（发光二极管）是近年来开发生产的一种新型光源，具有耗电小（电流只有10～20mA）、亮度高（光强可达上万个mcd）、体积小（直径最小可达3mm）、重量轻（一颗发光二极管仅重零点几克）、寿命长（平均寿命约10万小时）等优点。现已逐步代替白炽灯、低压卤钨灯制作道路交通信号灯。

生活与交通

为什么要设置减速带？

减速带也叫减速垄,是安装在公路上使经过的车辆减速的交通设施,形状一般为条状,也有点状的;材质主要是橡胶,也有的是金属的;一般以黄色黑色相间以引起视觉注意,使路面稍微拱起以达到车辆减速目的。减速带一般设置在公路道

← 减速带

口、工矿企业、学校、住宅小区入口等需要车辆减速慢行的路段和容易引发交通事故的路段,是用于减速机动车、非机动车行驶速度的新型交通专用安全设置。减速带很大程度上减少了各交通要道口的事故发生,是交通安全的新型专用设施。汽车在行驶中既安全又起到缓冲减速的目的,提高交通道口的安全。目前,减速带在世界各地的公路中得到了广泛的使用。

橡胶减速带是根据车辆行驶中轮胎与地面特殊橡胶的角度原理设计,用特殊橡胶制成。该产品与原来水泥垄、钢管相比,橡胶减速带具有减震性、抗压性极好,寿命长,对车磨损少,噪声小,黄黑相间,色彩分明,无须每年再涂漆,美观大方等特点。

中国的车为何要靠右行驶？

1945年以前，中国是左行与右行混合的国家。总的来说，在南方省份和城市，例如上海、浙江、广东，由于受到英国的影响，左行规则更为普及；而在山东、直隶等北方省份，由于俄国、德国、美国等国的影响，大多采用右行规则。1930年的新生活运动规定车辆靠左行驶。"满洲国"、蒙疆政府和日本占领区也采取左行规则。

抗日战争期间，随着大量美援汽车（左驾车）按照《租借法案》运抵中国，靠右行驶逐渐成为大多数司机的习惯。抗日战争胜利后，中华民国政府规定，自1946年1月1日起，全国的车辆均靠右侧行驶。这一规则也带到了中国台湾。

"文化大革命"期间，一些城市的红卫兵认为"靠右行驶"的规则是"走右倾（资本主义）道路"，因此下令车辆靠左行驶，同时规定红灯通行、绿灯停车。这两项措施在短时期内造成了大量的交通事故，因此不久即被废止，恢复了以前的规则。

公路和道路有何区别？

连接城市、乡村和工矿基地之间，主要供汽车行驶并具备一定技术标准和设施的道路称"公路"。

道路是供各种车辆（无轨）和行人通行的工程设施。按其使用特点分为城市道路、公路、厂矿道路、林区道路及乡村道路等。

公路的分类：

1. 按行政等级划分

公路按行政等级可分为：国家公路、省公路、县公路和乡公路（简称为国、省、乡道）以及专用公路五个等级。一般把国道和省道称为"干线"，县道和乡道称为"支线"。

国道是指具有全国性政治、经济意义的主要干线公路，包括重要的国际公路，国防公路，连接首都与各省、自治区、直辖市首府的公路，连接各大经济中心、港站枢纽、商品生产基地和战略要地的公路。国道中跨省的高速公路由交通部批准的专门机构负责修建、养护和管理。

省道是指具有全省（自治区、直辖市）政治、经济意义，并由省（自治区、直辖市）公路主管部门负责修建、养护和管理的公路干线。

县道是指具有全县（县级市）政治、经济意义，连接县城和县内主要乡（镇）、主要商品生产和集散地的公路，以及不属于国道、省道的县际间公路。县道由县、市公路主管部门负责修建、养护和管理。

乡道是指主要为乡（镇）村经济、文化、行政服务的公路，以及不属于县道以上公路的乡与乡之间及乡与外部联络的公路。乡道由乡人民政府负责修建、养护和管理。

专用公路是指专供或主要供厂矿、林区、农场、油田、旅游区、军事要地等与外部联系的公路。专用公路由专用单位负责修建、养护和管理，也可委托当地公路部门修建、养护和管理。

2. 按使用任务、功能和适应的交通量划分

根据我国现行的《公路工程技术标准》（JTJ001-1997），公路按使用任务、功能和适应的交通量分为高速公路、一级公路、二级公路、三级公路、四级公路五个等级：

（1）高速公路为专供汽车分向分车道行驶并应全部控制出入的多车道公路。

四车道高速公路应能适应将各种汽车折合成小客车的年平均日交通量25000～55000辆。

六车道高速公路应能适应将各种汽车折合成小客车的年平均日交通量45000～80000辆。

八车道高速公路应能适应将各种汽车折合成小客车的年平均日交通量60000～100000辆。

（2）一级公路为供汽车分向分车道行驶并可根据需要控制出入的多车道公路。

四车道一级公路应能适应将各种汽车折合成小客车的年平均日交通量 15000～30000 辆。

六车道一级公路应能适应将各种汽车折合成小客车的年平均日交通量 25000～55000 辆。

(3) 二级公路为供汽车行驶的双车道公路。

一般能适应每昼夜 3000～7500 辆中型载重汽车交通量。

(4) 三级公路为主要供汽车行驶的双车道公路。

一般能适应每昼夜 1000～4000 辆中型载重汽车交通量。

(5) 四级公路为主要供汽车行驶的双车道或单车道公路。

双车道四级公路能适应每昼夜中型载重汽车交通量 1500 辆以下。

单车道四级公路能适应每昼夜中型载重汽车交通量 200 辆以下。

高速公路有何特点？

高速公路是经济发展的必然产物，其有何特点呢？第一，高速公路适应工业化和城市化的发展。城市是产业与人口的集聚地，其汽车的增长远比乡村快得多，成为汽车的集聚中心，因此高速公路的建设多从城市的环路，辐射路和交通繁忙路段开始，逐步成为以高速公路为骨干的城市交通。第二，汽车技术的发展，对高速公路建设提出客观要求。目前汽车已成为人类社会必不可少的交通工具，因此需要高速公路等基础设施的配合汽车的轻型化和载重化是两大发展趋势，前者要求速度保障，后者要求承载力，而高速公路恰能使二者有机结合。

高速公路设计行车速度，在野外大多按地形的不同，分为80、100、120和140公里／时四个等级；通过城市大多采用60和80公里／时两个等级。高速公路平面线形大多以圆曲线加缓和曲线为主，并重视平、纵、横三维空间立体线形设计。

高速公路在郊外大多为4个或6个车道，在城市和市郊大多为6个或8个车道，甚至更多。路面现多采用磨光值高的坚质材料（如改良沥青），以减少路表液面飘滑和射水现象。路缘带有时用与路面不同颜色的材料铺成。硬路肩为临时停车用，也需用较高级材料铺成。在陡而长的上坡路段，当重型汽车较多时，还要在车行道外侧另设爬坡车道。必要时，每隔 2～5 公里在车行道外侧加设宽 3 米、长 10～20 米的专用临时停车带。

高速公路与铁路或其他次要公路相交，可修筑分离式立体交叉；当与其他重要公路相交而转弯车流较多时，应修筑互通式立体交叉。在高速公路两旁适当地点，应修筑集散道路以及加速和减速车道，以控制汽车进出高速公路。

高速公路通过城市时，大多沿城市周围的环道绕过，如有必要穿过城市交通繁忙地区，为减少车辆拥挤、废气和噪声污染，多修成高架式、路堑式或隧道式，有时还要修筑多层式立体交叉或天桥，形成立体交通网。

如果高速公路的中央分隔带较窄，则须于其上设置防眩板或防护栅。高速公路上应设置夜间能发光或反光的交通标志牌。中央分隔带和渠化岛的边缘，以及路面标线上均宜镶设反光器，桥梁、隧道、立体交叉以及城市地区设置大型照明设备。高速公路沿线每隔一定距离要设置收费站、加油站、公用电话、停车场、饭店和旅馆等服务设施。在高速公路交通繁忙地区，可设置交通监视中心，整个地区车辆运行情况，由电视摄像机传到荧光屏，据以指挥交通，还可利用无线电将信息传送给汽车驾驶员。当路上发生交通事故，监视中心可派巡视车或直升机到现场进行处理。

高速公路为何要限速？

高速公路限速行驶是必需的，也是国际上通行的做法。我国之所以对汽车最高限速120公里，是考虑了诸如道路性能、车辆机械性能、轮胎的随能力、气候特点、驾驶员的生理特性等众多因素，是在既保证驾驶安全，又保证充分利用道路资源的基础上制定的，因而是科学、合理的。

超速行驶的危害是极其严重的。高速公路上的交通事故，大部分都

↑ 高速公路

是由于超速行驶引发的。为什么超速行驶会引发交通事故呢？归纳起来有以下几个方面：

第一，增加了纵向碰撞的可能性。超速行驶的车辆，往往是紧跟其他车辆行驶，当前车采取紧急制动时，后车很容易因距离过近而发生追尾事故。

第二，增加了翻车的可能性。车速过快，当车转向时，离心力就增加。据测算，车速增加3倍，离心力增加9倍。车速越高，产生的离心力越大，当驾驶员遇到情况时，打轮稍急，必定翻车。

第三，影响驾驶员的判断能力。速度越快，反应时间越短，经常听到驾驶员说："我还没有反应呢，事故就出了。"

第四，增大事故后果的严重性。高速公路上发生事故，后果比普通公路严重得多，这是车速过快造成的，速度越快，冲击力越大，这是人所共知的。

加油站应注意哪些禁忌？

汽车加油站是汽车增添燃料的场所，主要由地下贮油罐、加油柱和管理室三部分组成。它的主要任务是储存、保管、供应汽车用燃油（汽油和柴油）和润滑油等，大多设置在交通干道处，即公共加油站。此外，尚有自用加油站，仅归某单位自用。

← 汽车加油站

生活与交通

　　加油站还应有足够的场地供车辆加油时通行、临时停放、安装消防设施和绿化之用。

　　由于石油商品具有易燃爆、易挥发、易渗漏、易聚集静电荷的特性。加油站必须确立"安全第一"的思想，贯彻"预防为主，防消结合"的方针，保证安全经营。加油站工作人员必须经过培训，学习石油商品知识和用油机具知识，掌握业务操作要领，熟悉加油站管理制度，并经过相关主管部门考核合格后方准上岗操作。

　　为保证加油站的安全，用户进站加油规定：

　　1. 站内严禁烟火。

　　2. 严禁在加油站内从事可能产生火花性质的作业，诸如不准在站内检修车辆，不准敲击铁器等。

　　3. 严禁向汽车的汽化器及塑料桶内加注汽油。

　　4. 所有机动车辆均须熄火加油。摩托车、轻骑、拖拉机等进站前要熄火并不得在站内发动。

　　5. 严禁携带一切危险品入站。

常见的立交桥有哪些？

立交桥全称"立体交叉桥"，是指在城市重要交通交会点建立的上下分层、多方向行驶、互不相扰的现代化陆地桥。

随着道路建设的发展和交通的需要，城市人口的急剧增加，使车辆日益增多，平面交叉的道口造成车辆堵塞和拥挤，许多大中城市的交通要道和高速公路上兴建了一大批立交桥，用空间分隔的方法消除道路平面交叉车流的冲突，使两条交叉道路的直行车辆畅通无阻。城市环线和高速公路网的联结也必须通过大型互通式立交进行分流和引导，保证交通的畅通。城市立交桥已成为现代化城市的重要标志。为保证交通互不干扰，而在道路、铁路交叉处建造的桥梁，广泛应用于高速公路和城市道路中的交通繁忙地段。从此，城市交通开始从平地走向立体。立交桥可以分为以下几类：

1. 单纯式立交桥

单纯式立交桥是立交桥中最简单的一种。这种立交桥主要用于高架道路，与铁路和一般道路的立体交叉。其通行方法极其简单，各自在自己的道路上行驶。

生活与交通

↑ 立交桥

2. 简易式立交桥

简易式立交桥主要是设置在城市交通要道上，主要形式有十字形立体交叉、Y型立体交叉和T型立体交叉。其通行方法为：干线上的主交通流走上跨道或下穿道，左右转弯的车辆仍在平面交叉改变运动方向。

3. 互通式立交桥

互通式立交桥主要有以下三大类：(1) 三枝交叉互通式立交桥，包括喇叭形互通式立交桥和定向型互通式立交桥。(2) 四枝交叉互通式立交桥，包括菱形互通式立交桥、不完全的苜蓿叶型互通式立交桥。完全的苜蓿叶型互通式立交桥和定向型互通式立交桥。(3) 多枝交叉互通式立交桥。

互通式立交桥的通行方法：通过苜蓿叶型立交桥时，直行车辆按照原方向行驶，右转弯车辆通过右侧匝道行驶。左转弯车辆必须直行通过立交桥，然后转进入匝道再右转270度。通过环形立交桥时，除下层路线的直行车辆可以按照原方向行驶以外，其他车辆都必须开上环道，绕行选择去向。

为什么赵州桥被奉为建筑典范？

赵州桥坐落在河北省赵县洨河上，建于隋代大业年间（公元605–618年），由著名匠师李春设计和建造，距今已有约1400年的历史，是当今世界上现存最早、保存最完善的古代敞肩石拱桥。

1991年，美国土木工程师学会将赵州桥选定为第12个"国际历史土木工程的里程碑"，并在桥北端东侧建造了"国际历史土木工程古迹"铜牌纪念碑。

赵州桥是入选中国世界纪录协会世界最早的敞肩石拱桥，创造了世界之最，被誉为"华北四宝"之一。桥长50.82米，跨径37.02米，券高7.23米，两端宽9.6米，中间略窄，宽9米。是当今世界上跨径最大、建造最早的单孔敞肩石拱桥。因桥两端肩部各有两个小孔，不是实的，故称敞肩型，这是世界造桥史的一个创造（没有小拱的称为满肩型或实肩型）。桥上有很多的东西，类型众多，丰富多彩。唐朝的张鷟说，远望这座桥就像"初月出云，长虹饮涧"。

赵州桥之所以这么被人追捧，源于它那独具匠心的设计创新：

1. 采用圆弧拱形式，改变了我国大石桥多为半圆形拱的传统。我国古代石桥拱形大多为半圆形，这种形式比较优美、完整，但也存在两方面的缺陷：一是交通不便，半圆形桥拱用于跨度比较小的桥梁比较合适，而大跨度的桥梁选用半圆形拱，就会使拱顶很高，造成桥高坡陡、车马行人过桥非常不方便。二是施工不利，

↑ 赵州桥

半圆形拱石砌石用的脚手架就会很高，增加施工的危险性。为此，李春和工匠们一起创造性地采用了圆弧拱形式，使石拱高度大大降低。赵州桥的主孔净跨度为37.02米，而拱高只有7.25米，拱高和跨度之比为1∶5，这样就实现了低桥面和大跨度的双重目的，桥面过渡平稳，车辆行人非常方便，而且还具有用料省、施工方便等优点。当然圆弧形拱对两端桥基的推力相应增大，需要对桥基的施工提出更高的要求。

2. 采用敞肩。这是李春对拱肩进行的重大改进，把以往桥梁建筑中采用的实肩拱改为敞肩拱，即在大拱两端各设两个小拱，靠近大拱脚的小拱净跨为3.8米，另一拱的净跨为2.8米。这种大拱加小拱的敞肩拱具有优异的技术性能。首先，可以增加泄洪能力，减轻洪水季节由于水量增加而产生的洪水对桥的冲击力。古代洨河每逢汛期，水势较大，对桥的泄洪能力是个考验，四个小拱就可以分担部分洪流。据计算四个小拱可增加过水面积16%左右，大大降低洪水对大桥的影响，提高大桥的安全性。其次，敞肩拱比实肩拱可节省大量土石材料，减轻桥身的自重。据计算四个小拱可以节省石料26立方米，减轻自身重量70吨，从而减

少桥身对桥台和桥基的垂直压力和水平推力,增加桥梁的稳固。第三,增加了造型的优美,四个小拱均衡对称,大拱与小拱构成一幅完整的图画,显得更加轻巧秀丽,体现建筑和艺术的完整统一。第四,符合结构力学理论,敞肩拱式结构在承载时使桥梁处于有利的状况,可减少主拱圈的变形,提高了桥梁的承载力和稳定性。

3. 单孔。我国古代的传统建筑方法,一般比较长的桥梁往往采用多孔形式,这样每孔的跨度小、坡度平缓,便于修建。但是多孔桥也有缺点,如桥墩多,既不利于舟船航行,也妨碍洪水宣泄;桥墩长期受水流冲击、侵蚀,天长日久容易塌毁。因此,李春在设计大桥的时候,采取了单孔长跨的形式,河心不立桥墩,使石拱跨径长达 37 米之多。这是我国桥梁史上的空前创举。

桥的基本结构是怎么样的？

桥是一种架空的人造通道，由上部结构和下部结构两部分组成：上部结构包括桥身和桥面；下部结构包括桥墩、桥台和基础。它们高悬低卧，形态万千，有的雄踞山岙野岭，古朴雅致；有的跨越岩壑溪间，山川增辉；有的坐落闹市通衢，造型奇巧；有的一桥多用，巧夺天工。不管风吹雨淋，无论酷暑严冬，它们总是默默无闻地为广大的行人、车马跨江过河，飞津济渡。建桥最主要的目的，就是为了解决跨水或者越谷的交通，以便于运输工具或行人在桥上畅通无阻。若从其最早或者最主要的功用来说，桥应该是专指跨水行空的道路。

桥梁的构造，除较原始的独木桥、汀步桥以及浮桥外，一般均由跨空部分和跨空支承部分构成，即桥墩与桥身组成。根据其结构可分为：

一、梁桥

梁桥根据其所用材料和构造情况，可分为木梁桥和石梁桥。"木梁桥"包括木梁木柱桥、木梁石柱桥、木梁石墩桥、木撑架桥，其中"木梁石柱桥"是从木梁木柱这种原始的木桥发展而来的。

"石梁桥"包括石梁石柱桥、石梁石墩桥、石伸臂桥（类似木伸臂桥）、

↑ 梁桥

三边石梁桥、漫水石梁桥、石板平桥（多见于园林"曲桥"和"纤道桥"）。其中以"石梁石墩桥"最为常见。这种桥比用石墩木梁又更进一步，避免了木梁桥面易于腐朽、常需维修的缺点。

桥梁中还有一种与浮桥相结合的桥式，即"开合式桥"。其中间浮桥可根据需要开合启闭。如潮安县的湘子桥，其东西两端是石梁桥，中间则用18只木船搭成浮桥相连接，以利排泄洪水，及"通巨舰，排放木筏"之用。

二、拱桥

根据拱桥构造情况以及拱券的圆弧和排列形式可分为：陡徒和坦拱式拱桥、尖拱和圆拱式拱桥、连拱和固端式拱桥、单孔和多孔式拱桥、实腹和空腹式拱桥，以及虹桥等。其拱券的圆弧则有半圆、马蹄、全圆、锅底、蛋圆、椭圆、抛物线圆及折边等形式，排列形式则有并列和横联两种，其中横联式应用最多，并派生出镶边横联券和框式横联券两种。

三、索桥

根据索桥采用不同质地的绳索及过渡和构造形式，可分为竹索、铁索、藤索和溜索桥、城防吊桥，以及单索、双索、多索网状桥、并列多索桥等。

↑ 索桥

生活与交通

中国为什么称为"桥的故乡"？

"梁之字，用木跨水，今之桥也。"说明桥的最初含义是指架木于水面上的通道，以后方又引申为架于悬崖峭壁上的"栈道"和架于楼阁宫殿间的"飞阁"等天桥形式。现代的桥又在城市交通中发挥着重要作用，平地起桥（立交桥），贯通东西南北，不仅有助于缓解交通堵塞，还成为现代化城市一道亮丽的风景。中国是桥的故乡，自古就有"桥的国度"之称，发展于隋朝。

中国山川众多、江河纵横，是个桥梁大国，在古代无论是建桥技术，还是桥梁数量都处于世界领先地位。千百年来，桥梁早已成为人们社会生活中不可缺少的组成部分。但由于我国幅员辽阔，从南到北，从东到西，在地理气候、文化习俗以及社会生产力发展水平上，都存在较大的差异。因此，各自立足于自己的实际条件和根据自己的需要，经过长期的时间，遂创造出多种多样的桥梁形式，并逐步形成了自己的特色，具体说来大致有如下特点：

1. 地域性

我国土地辽阔，南北之间和东西之间的桥梁，受所在自然地理和人文社会的影响，因地制宜，都形成了各自相对独立的风格和特色。如北方中原地区、黄河流域，地势较为平坦，河流水域较少，人们运输物资多依赖骡马大车或手推板车。因此，这里的桥梁多为宽坦雄伟的石拱桥和石梁桥，以便于船只从桥下通过；西北和西南地区，山高水激、谷深崖陡，难以砌筑桥墩，因此，多采用藤条、竹索、圆木等山区材料，建造绳索吊桥或伸臂式木梁桥；岭南闽粤沿海地区，盛产质地坚硬的花岗岩石，所以石桥比比皆是；而云南少数民族地区，因竹材丰富，便到处可见别具一格的各式竹材桥梁。从桥梁的风格上看，北方的桥如同北方的人一样，显得粗犷朴实；南方的桥也同南方的人一样，显得灵巧轻盈。当然，这跟自然地理条件也有极大关系，如北方的河流因水流量变化很大，又有山洪冰块冲击，故桥梁必须厚实稳重；而南方河流水势则较平缓，又要便于通航，故桥梁相对较纤细秀丽。

2. 多种多样性

我国是个文明古国，地大物博，山河奇秀，南北地质地貌差异较大，因此对建桥的技术要求也高。大约在汉代时，桥梁的四种基本桥型（梁桥、浮桥、索桥、拱桥）便已全部产生了。这四种桥根据其建筑材料和构造形式的不同，又分别演化出：木桥、石桥、砖桥、竹桥、盐桥、冰桥、藤桥、铁桥、苇桥、石柱桥、石墩桥、漫水桥、伸臂式桥、廊桥、风雨桥、竹板桥、石板桥、开合式桥、溜索桥、三边形拱桥、尖拱桥、圆拱桥、连拱桥、实腹拱桥、坦拱桥、徒拱桥、虹桥、渠道桥、曲桥、纤道桥、十字桥，以及栈道、飞阁等，几乎应有尽有，什么形式的古桥，在我国都能找到。

3. 多功能性

我国古代的匠师建桥，很注意发挥桥梁的最大效益，既能考虑到因地制宜、一切从实用出发，又能考虑使桥梁尽量起到多功能的作用。如江南的拱桥多为两头平坦，中间高拱隆起，使之既产生造型上的弧线美，又利于行舟。而南方地区广见的廊式桥，则更充分反映了一桥多用的特点。南方雨多日照强，桥匠便在桥上修建廊屋，这不仅为过往行人提供了躲避风雨日照、便于歇息的场所，而且还增加了桥梁的自重，以免洪水把桥冲垮，并起到保护木梁、铁索不受风雨腐蚀的作用。特别是很多此类廊桥，因是人员过往要冲，故还利用它兼作集市、住宿和进行商业活动。如广东潮安县的湘子桥，这座桥全长500余米，有着"一里长桥一里市"之称，桥中设一段可以开合的浮桥，以利通航；桥上建廊屋、楼后作集市，其间店面栉比，自晨至暮，熙熙攘攘，热闹非凡，以致不闻不见咆哮的潮水和宽阔的江面，故民间流传有"到了湘桥问湘桥"的笑话。

4. 群众公益性

桥梁自产生之日起，便以属于民众共有的社会性出现。我国的传统建筑，一般为私有性，唯有桥梁（除私有的园林中桥梁外），不管是官修私建的，都为社会所公有。故数千年来，爱桥护路成为一种良好风尚，而"修桥铺路"则是造福大众的慈善行为，被民众所推崇。因此，修桥或建桥具有广泛的群众性。查看史志，我国历来修桥建桥的方式，大概有四种：一是民建，即由一家一姓独立建桥；二是募捐集资，报经官府支持，协力兴建。此种最为多见，如著名的赵州桥、泉州洛阳桥等，都是用此方式建成的；三是官倡民修，由地方官倡导，士绅附和认捐，并

↑ 跨河桥

指派官吏或商绅主持完成，此多属较大的桥梁；四是全由官府拨款施工兴建的。所以，我国古桥遍布各地，连穷乡僻壤也多建桥。其数量之多，分布之广，居世界首位。

生活与交通

轮船是如何发明的？

"轮船"一词始于我国唐代，它的出现与船的动力改革有关。

不用风帆而用蒸汽轮机做前进动力的船叫蒸汽船。蒸汽船使用的燃料是煤，它的船外面有一个大轮子，所以也叫"轮船"。

↑ 轮船

南北朝时期的中国人，已发明了轮船。以船侧轮子的转动代替划桨，以轮激水前进。古称为"车船"、"车轮舸"。在这里，轮成为以连续运动代替间歇运动的机械。

史载，祖冲之发明"千里船"，在建康（南京）新亭江试航，"日行百余里"。可惜，该记载未明确指出，祖冲之是否以轮代桨作为动力机械。

唐代李皋发明了"桨轮船"。他在船的舷侧或艉部装上带有桨叶的桨轮，靠人力踩动桨轮轴，使轮周上的桨叶拨水推动船体前进。因为这

107

种船的桨轮下半部浸入水中，上半部露出水面，所以称为"明轮船"或"轮船"，以便和人工划桨的木船、风力推动的帆船相区别。

至宋代，火药与轮船已成为两项最重要的军事武器。宋将韩世忠在 1129 年镇江黄天荡战役中"用飞轮八楫，踏车蹈回江面"，有力打击金人完颜亮；在采石矶战役中，宋将虞允文的轮船战舰使金兵"相顾骇愕"等史事，都是明证。随着轮船制造技术的提高，船中桨轮数量也从 2 轮发展到 4 轮、8 轮、20 轮，甚至 32 轮。

1690 年，法国的德尼·巴班提出用蒸汽机作动力推动船舶的想法，但当时还没有可供实用的蒸汽机，故设想无法实现。

1769 年，法国发明家乔弗莱把蒸汽机装上了船。但所装的蒸汽机既简陋又笨重，而且带动的又是一组普通木桨，航速很慢，未能显示出机动船的优越性。

1783 年乔弗莱又建成了世界上最早的蒸汽轮船"波罗斯卡菲"号，但是航行 30 分钟后，船上蒸汽锅炉发生爆炸。

1790 年美国的约翰·菲奇用蒸汽机带动桨划水，其效率极低，菲奇的发明没有受到人们的重视。

1802 年，英国人威廉·西明顿采用瓦特改进的蒸汽机制造成世界上第一艘蒸汽动力明轮船"夏洛蒂·邓达斯"号，在苏格兰的福斯——克莱德运河下水，试航成功。这是一艘 30 英尺长的木壳船，船中央装上西明顿设计的蒸汽机，推动一个尾部明轮。轮船的出现对拖船业主们是一个打击，他们以汽轮船产生较大的波浪为由，拼命反对，由此第一艘汽轮船被扼杀在摇篮里。

美国的约翰·史蒂芬森于 1804 年建成具有世界上最早有螺旋桨的轮船。由于推动螺旋桨的蒸汽机转速太低，所以他当时认为推进器还是轮桨较好。

1807年，他建造了带轮桨的"菲尼克斯"号轮船。"菲尼克斯"号从纽约沿海岸驶向费城进行试航，途中遇到风暴。但经过13天的航行还是平安地到达费城，这是世界上轮船首次在海上航行。

被人们称为"轮船之父"的罗伯特·富尔顿是美国机械工程师。1807年7月他设计出排水量为100吨、长45.72米、宽9.14米的汽轮船"克莱蒙特"号。船的动力是由72马力的瓦特蒸汽机带动车轮拨水。8月17日，载有40名乘客的"克莱蒙特"号从纽约出发，沿着哈德逊河逆水而上，31小时后，驶进240公里以外的奥尔巴尼港，平均时速7.74公里，从此揭开了轮船时代的帷幕。此后它在哈德逊河上定期航行，成为世界上第一艘蒸汽轮船，奠定了轮船不容摇撼的地位。

1829年，奥地利人约瑟夫·莱塞尔发明了可实用的船舶螺旋桨，克服了明轮推进效率低、易受风浪损坏的缺点。此后螺旋桨推进器逐渐取代了明轮。

蒸汽机船发明后，用蒸汽机为动力代替人力带动桨轮，沿用了100多年之久。

用明轮驱动的最大船只是1855年的"大东方"号。它长200多米，可惜经营不善，没有什么乘客。

1884年，英国发明家帕森斯（1854～1931年）设计出了以燃油为燃料的汽轮机。此后，汽轮机成为轮船的主要动力装置。

轮船的发明和不断改进，使水上运输发生了革命性的变化。第二次世界大战之后，世界海运量平均每10年翻一番。据统计，2004年世界海上货运量达到了654200万吨。

自行车是谁发明的？

现在，自行车像潮水一样，遍及世界各地，进入家家户户。但很少有人知道，发明自行车的是德国的一个看林人，名叫德莱斯（1785—1851年）。

德莱斯原是一个看林人，每天都要从一片林子走到另一片林子，多年走路的辛苦，激起了他想发明一种交通工具的欲望。他想：如果人能坐在轮子上，那不就走得更快了吗！就这样，德莱斯开始设计和制造自行车。他用两个木轮、一个鞍座、一个安在前轮上起控制作用的车把，制成了一辆轮车。人坐在车上，用双脚蹬地驱动木轮运动。就这样，世界上第一辆自行车问世了。

↑ 卡尔·本茨和他发明的第一辆自行车

1817年，德莱斯第一次骑自行车旅游，一路上受尽人们的讥笑……他决心用事实来回答这种讥笑。一次比赛，他骑车4小时通过的距离，马拉车却用了15个小时。尽管如此，仍然没有一家厂商愿意生产、出售这种自行车。

1839年，苏格兰人马克米廉发明了脚蹬，装在自行车前轮上，使自行车技术大大提高了一步。此后几十年中，涌现出了各种各样的自行车，如风帆自行车、水上踏车、冰上自行车、五轮自行车等，自行车逐渐成为大众化的交通工具。以后随着充气轮胎、链条等的出现，自行车的结构越来越完善。

德莱斯还发明了绞肉机、打字机等，都能减轻人们的劳动强度。现在铁路工人在铁轨上利用人力推进的小车，也是德莱斯发明的，所以称它为"德莱斯"。

最早发明的汽车是怎样的？

1885年德国工程师卡尔·本茨在曼海姆制成了第一辆汽车。该车为三轮，采用一台两冲程单缸0.9马力的汽油机，具备现代汽车的基本特点，如火花点火、水冷循环、钢管车架、钢板弹簧悬架、后轮驱动、前轮转向等。人们一般都把卡尔·本茨制成第一辆三轮车的1885年视为汽车诞生之年。

卡尔·本茨发明了许多不同型号的汽车，但它们都像马车式一样，发动机装在车后，乘客相对而坐。

对许多人来说，汽车可以改变他们的生活方式，可以让他们的生活更精彩。汽车更是强有力的加快城市化进程的助推器，它一定程度上反映了社会、经济发展和技术进步的水平，在特定的地域和空间，它还折射着极具东西方文化特色的人文理念。

总之，汽车是奇妙的，它常常被打上不同的经济、技术、文化甚至政治的烙印。汽车和汽车相关产业的发展，开创了社会发展的新空间，令世人瞩目。

生活与交通

汽车车身是如何演变的？

从19世纪末到20世纪初期，汽车设计师把主要精力都用在了汽车的机械工程学的发展和革新上。到20世纪前半期，汽车的基本构造已经全部发明出来后，汽车设计者们开始着手从汽车外部造型上进行改进，并相继引入了空气动力学、流体力学、人体工程学以及工业造型设计（工业美学）等概念，力求让汽车能够从外形上满足各种年龄、各种阶层，甚至各种文化背景的人的不同需求，使汽车成为真正的科学与艺术相结合的最佳表现形象，最终达到最完善的境界。

汽车造型师们把汽车装扮成人类的肌体。例如：汽车的眼睛——前照灯；嘴——进风口；肺——空气滤清器；血管——油路；神经——电路；心脏——发动机；胃——油箱；脚——轮胎；肌肉——机械部分。力图将一个冷冰冰的机械注入以生命，使之具有非凡的艺术魅力，给人以美感。汽车车身形式在发展过程中主要经历了马车型汽车、箱型汽车、甲壳虫型汽车、船型汽车、鱼型汽车、楔形汽车等几个阶段。

一、马车型汽车

我国古代早有"轿车"一词，是指用骡马拉的轿子。当西方汽车大量进入中国时,正是封闭式方形汽车在西方流行之时。那时汽车的形状与我国古代的"轿车"相似,并与"轿车"一样让人感到荣耀。于是,人们就将当时的汽车称为轿车。最早出现的汽车,其车身造型基本上沿用了马车的形式,因此称为"无马的马车",英文名 Sedan,就是指欧洲贵族乘用的一种豪华马车。不仅装饰讲究,而且是封闭式的,可防风、雨和灰尘,并提高了安全度。18世纪这种车传到美国后,也只有纽约、费城等少数大城市中的富人才有资格享用。1908年福特推出T型车时,车身由原来的敞开式改为封闭式,其舒适性、安全性都有很大提高。福特将他的"封闭式汽车"称为 Sedan。著名的福特T型车是马车型汽车的佼佼者。

二、箱型汽车

美国福特汽车公司在1915年生产出一种不同于马车型的汽车,其外形特点很像一只大箱子,并装有门和窗,人们称这类车为"箱型汽车"。因这类车的造型酷似于欧洲贵妇人用于结伴出游和其他一些场合的人抬"轿子"式轻便座椅,所以它在商品目录中被命名为"轿车"。

三、甲壳虫型汽车

1934年,流体力学研究中心的雷依教授,采用模型汽车在风洞中试验的方法测量了各种车身的空气阻力,这是具有历史意义的试验。1934年,美

↑ 甲壳虫型汽车

国的克莱斯勒公司首先采用了流线型的车身外形设计。1937年，德国设计天才费尔南德·保时捷开始设计类似甲壳虫外形的汽车。甲壳虫型汽车不但能在地上爬行，也能在空中飞行，其形体阻力很小。保时捷博士最大限度地发挥了甲壳虫外形的长处，使"大众"汽车成为当时流线型汽车的代表作。从20世纪30年代流线型汽车开始普及，到40年代末的20年间，是甲壳虫型汽车的"黄金时代"。

四、船型汽车

1945年，福特汽车公司重点进行新车型的开发，经过几年的努力，终于在1949年推出了具有历史意义的新型V8型福特汽车。因为这种汽车的车身造型颇像一只小船，所以人们称它为"船型汽车"。福特V8型汽车的成功之处不仅仅在于它在外形设计上有所突破，而且它还首先将人体工程学的理论引入汽车的整体设计上，取得了令人较为满意的结果。所谓人体工程学，就是用科学的方法解析的形体和能力，设计与之相吻合的机械与器具。船型汽车不论从外形上还是从性能上来看都优于甲壳虫型汽车，并且还较好地解决了甲壳虫型汽车对横风不稳定的问题。

五、鱼型汽车

为了克服船型汽车的尾部过分向后伸出，在汽车高速行驶时会产生较强的空气涡流作用这一缺陷，人们又开发出像鱼的脊背的鱼型汽车。1952年，美国通用汽车公司的别克牌轿车开创了鱼型汽车的时代。如果仅仅从汽车背部形状来看，鱼型汽车和甲壳虫型汽车是很相似的。但如果仔细观察，会发现鱼型汽车的背部和地面所成的角度比较小，尾部较长，围绕车身的气流也就较为平顺些，所以涡流阻力也相对较小。另一方面，鱼型汽车是由船型汽车演变而来的，所以基本上保留了船型汽车的长处，诸如车室宽大，视野开阔，车身侧面的形状阻力较小，造型更具有动感，乘坐舒适等，这些都远远地超过了甲壳虫型汽车的性能。另外，鱼型汽车还特别地增大了行李舱的容积，所以更适合于家庭外出旅行等使用。正因为如此，鱼型汽车才得以迅速地发展。但同时鱼型汽车也存在着一些致命的弱点：一是由于鱼型车的后窗玻璃倾斜得过于厉害，致使玻璃的表面积增大了1～2倍，强度有所下降，产生了结构上的缺陷；二是当汽车高速行驶时汽车的升力较大。

鉴于鱼型汽车的缺点，设计师在鱼型汽车的尾部安上了一个上翘的"鸭尾巴"以此来克服一部分空气的升力，这便是"鱼型鸭尾式"车型。

六、楔形汽车

"鱼型鸭尾式"车型虽然部分地克服了汽车高速行驶时空气的升力，但却未从根本上解决鱼型汽车的升力问题。在经过大量地探求和试验后，设计师最终找到了一种新车型——楔形。这种车型就是将车身整体向前下方倾斜，车身后部像刀切一样平直，这种造型能有效地克服升力。

第一次按楔形设计的汽车是1963年的司蒂倍克·阿本提设计的，这辆汽车在汽车外形设计专家中得到了极高的评价。1968年，通用公司的奥兹莫比尔·托罗纳多改进和发展了楔形汽车，1968年又为凯迪拉克高级轿车埃尔多所采用。楔形造型主要在赛车上得到广泛应用。因为赛车首先考虑流体力学（空气动力学）等问题对汽车的影响，车身可以完全按楔形制造，而把乘坐的舒适性作为次要问题考虑。如20世纪80年代的意大利法拉利跑车，就是典型的楔形造型。楔形造型对于目前所考虑的高速汽车来说，无论是从其造型的简练、动感方面，还是从其对空气动力学的体现方面，都比较符合现代人的主观要求，具有极强的现代气息，给人以美好的享受和速度的快捷感。日本丰田汽车有限公司的MR2型中置发动机跑车（尾部装有扰流板），可以称之为楔形汽车中的代表车。

　　汽车造型的发展是以更好地将空气动力学设计方案与乘坐舒适性恰当地予以结合，在充分考虑到以上两个关键问题的基础上，努力开发人体工程学领域的新技术，以设计制造出更完美、更优秀的汽车为目标的。总有一天，汽车驾驶室会形成带有优美曲线的"玻璃罩"。与之交相辉映的是具有几何形态的车体，透着浑圆和流线风格。那时，汽车色彩的喷涂将在鲜艳中体现出柔和感和透明感，因而会格外赏心悦目。

世界最快汽车排名都有哪些？

冠军：SSC Ultimate Aero 超级跑车，以273英里／小时（约437km/h）的最高速度高居榜首，相比之下，世界上速度最快的民航客机"协和"起飞时的速度仅为360km/h。

亚军：萨林S7（416km/h），此车年产12辆，极速416km/h，0至100km/h，加速只需2.8秒，萨林S7的确令人拍案叫绝。

季军：布加迪（407km/h）Veyron，于2001年开始正式投产，并决定限产不超过300辆，其动力规格为1001匹马力，极速每小时407公里（等同于每秒穿越一个足球场），扭矩1250Nm/2200rpm、16汽缸4涡轮增压发动机及全时四轮驱动，其0至100km/h，加速只需2.5秒，唯一比Veyron加速度更快的是它的制动系统，由时速100km～0km，刹车仅需2.3秒。

第四名：Koenigsegg CCR（388km/h）。

第五名：阿斯顿马丁One-77（最高时速：360km/h），百公里耗油15.00L/100km；油箱容积100L。超级跑车品牌阿斯顿马丁日前在巴黎车展展出了全新旗舰车型One-77，新车预计售价达105万英镑，引进国内的售价可能高达4000万～4500万元左右，将有可能成为世界上最贵跑车，于 2009 年第四季度交付客户，只限量生产 77 台。

第六名：法拉利 Enzo（350km/h）。

第七名：道奇 ViperSRT-10（348km/h）。

第八名：帕加尼 Zonda（345km/h）。

第九名：兰博基尼 Reventon（340km/h）。这辆超级跑车全球仅有 20 辆，其中 10 辆将供应美国市场。名字源自于 1943 年杀死斗牛士 Felix Guzman 的一头蛮牛。这款超级跑车采用了大量减轻重量的设计以及碳纤维部件，车身采用了灰色的涂装和 F22 战斗机风格的仪表盘。气动性能也作了大幅改良，V12 发动机，最大功率提升至 650 马力（8000rpm），最大扭力峰值更是高达 660Nm（6000rpm）。

在 Reventon 车重仅 1665 千克的情况下，Reventon 的 0～100km/h 加速只要 3.3 秒，极速则是轻松突破 340km/h。

第十名：奔驰 SLRMcLaren（334km/h）。

当然，许多高速量产型汽车完全可以和战斗歼击机比速度，排名第七名的道奇 ViperSRT-10 在 800 米距离内的速度超过了 F-16 歼击机。需要指出的是，此次登上高速汽车排行榜前 10 名的全是量产车。

很多车经过改装之后，性能得到更大的提升，比如加涡轮增压就可以使车子的动力超过比本车排量更大的动力，目前的汽车改装已经逐渐从比赛场普及到寻常百姓爱车族。

↑ 超级跑车

汽车对我们的环境污染有哪些？

汽车为人民提供了交通便利，但是传统的以石油为燃料的汽车也对环境造成了严重的污染。近年来，呼吸道疾病、癌症、头痛等发病率迅速增加，均与环境恶化有关。随着汽车进入家庭的增多，汽车排放的污染已成为城市大气污染的重要因素，越来越引起人们的广泛关注。减少汽车有害气体排放，营造绿色环保公共交通已经刻不容缓。

目前汽车的污染主要有以下几个方面：

1. 汽车噪声污染，主要指汽车在行驶过程中发生的噪声，它主要由发动机工作噪声和汽车行驶时振动和传动产生的噪声。目前评价和检测的方式主要有车外噪声和车内噪声两种。对于轻型汽车而言，一般要求小于85db（A）以避免噪声污染。

2. 汽车的排气污染，主要指从汽车发动机排气管排出的废气，根据汽车种类不同，其污染物的成分不同。汽车排气污染是汽车的主要污染源，也是汽车环保的一个最重要的项目。

3. 燃油蒸发污染，主要是针对汽油车的汽油蒸发。汽油是一种挥发性极强的物质，在挥发物中含有大量对人体有害的成分。所以在对汽车环保控制中，增加了对燃油蒸发物的控制项目。

4.曲轴箱污染，指发动机曲轴箱内，从发动机活动塞环切口泄漏出来的未完全燃烧的可燃性气体，它含有一氧化碳等对人体有害的成分，因此要求不允许发动机曲轴箱内有废气排向大气环境。

除此之外，据调查，按照室内环境的检测标准，相当一部分新车内空气不合格，部分新车污染物严重超标。其中甲醛超标2～3倍，挥发性有机化合物超标5～6倍。污染源除了来自车内的原装材料，比如扶手油漆、皮套等；更多的是车内的装潢用品，比如地垫、化纤织物靠垫等。在这些污染严重的车厢里待久了，人很容易产生呼吸不畅、口干舌燥、胸闷头晕等症状，严重的还能导致再生障碍性贫血。尽管如此，车内环保问题并没有引起消费者、厂家和商家的足够重视。室内环境监测研究中心专家提醒大家：对新车一定要像新装修的房子一样，注意通风，通风是目前减少车内污染危害最有效的做法，一般新车要通风半年到一年。另外，切不可用香水掩盖车内的异味，那样会产生更多的有毒化合物。

在环境问题中，由温室气体排放引起的全球气候变暖问题越来越受到全球的高度重视。气候变暖已使全球自然发生的频率和烈度不断增加，其中有6种气体与汽车有关，如二氧化碳、氮氧化物来自内燃机的燃烧，氯氟烃用车空调等。汽车尾气排放是城市大气污染的主要源头。由于汽车是低空排放，对低空大气环境污染和人体危害更大。

火车发展经历了哪些过程？

早在1804年,一个名叫德里维斯克的英国矿山技师,首先利用瓦特的蒸汽机造出了世界上第一台蒸汽机车。这是一台单一汽缸蒸汽机,能牵引5节车厢,它的时速为5～6公里。这台机车没有设计驾驶室,机车行驶时,驾驶员跟在车旁边走边驾驶。因为当时使用煤炭或木柴做燃料,所以人们都叫它"火车",于是一直沿用至今。

↑ 火车

人类历史上最重要的机械交通工具,早期称为蒸汽机车,也叫列车。有独立的轨道行驶。铁路列车按载荷物,可分为运货的货车和载客的客车,亦有两者一起的客货车。

1781年,火车先驱乔治·斯蒂芬森出生于一个英国矿工家庭。直到18岁,他还是一个目不识丁的文盲。他不顾别人的嘲笑,和七八岁的孩子一起坐在课堂里学习。1810年,他开始制造蒸汽机车。1817年,当斯蒂芬森决定他主持修建从利物浦到曼彻斯特的铁路线上完全用蒸汽机车承担运输任务。但是,保守的铁路拥有者却对蒸汽机车的能力表示怀疑。他们提出,在铁路边上固定的牵引机,用拖缆来牵引火车。斯蒂芬森为了让人们充分相信火车的性能,制造出了性能良好的"火箭号"机车。这种机车的卓越表现终于让怀疑者改变了态度,利物浦——曼彻斯特铁路因此成为世界上第一条完全靠蒸汽机运输的铁路线。

最早使用燃煤蒸汽动力的燃煤蒸汽机车有一个很大的缺点,就是必须在铁路沿线设置加煤、水的设施,还要在运营中耗用大量时间为机车添加煤和水,这些都很不经济。19世纪末,许多科学家转向研究电力和燃煤蒸汽机车。

世界上第一列真正在轨上行驶的蒸汽火车是由康瓦耳的工程师查理·特里维西克所设计的。它的火车有四个动力轮,1840年2月22日试车,空车时,时速20公里;载重时,每小时8公里(相当于人快步行走的速度)。不幸,火车的重量压垮了铁轨。

1879年,德国西门子电气公司研制了第一台电力机车,重约954千克,只在一次柏林贸易展览会上做了一次表演。1903年10月27日,西门子与通用电气公司研制的第一台实用电力机车投入使用。其时速达到200公里。

1894年，德国研制成功了第一台汽油内燃机车，并将它应用于铁路运输，开创了内燃机车的新纪元。但这种机车烧汽油，耗费太高，不易推广。

1924年，德、美、法等国成功研制了柴油内燃机车，并在世界上得到广泛使用。

1941年，瑞士研制成功新型的燃油汽轮机车，以柴油为燃料，且结构简单、震动小、运行性能好，因而，在工业国家普遍采用。

20世纪60年代以来，各国都大力发展高速列车，例如法国巴黎至里昂的高速列车，时速到达260公里；日本东京至大阪的高速列车时速也达到200公里以上。

人们对这样的高速列车仍不满足。法国、日本等国率先开发了磁悬浮列车。我国也在上海修建了世界第一条商用磁悬浮列车线，由地铁龙阳路站到浦东机场。这种列车悬浮于轨道之上，时速可达400～500公里。

生活与交通

现代高速火车发展到何种程度？

日本、法国、德国是当今世界高速火车技术发展水平最高的三个国家。

高速火车的实际应用发源于日本。1959年，日本国铁开始建造东京至大阪的高速铁路，并在1964年开通，全长515公里，火车时刻表时速210公里，称为东海新干线。随后向西延伸，于1975年开通至冈山，1975年开通至终点站博德，大阪至博德称为山阳新干线，全长1069公里。

1982年，大宫至盛冈间465公里的东北新干线开通，同年11月，大宫至新潟间的上越新干线也开通运营。1970年，日本制定"全国新干线火车网建设法"，1972年日本运输又规划了五条新干线：北陆新干线（东京—大阪—富山）、东北新干线延长线（盛冈—青森）、九州岛新干线（博德—鹿儿岛）、长崎新干线（博德—长崎）、北海道新干线（青森—札幌）。

法国高速火车称TGV（Train à Grande Vitesse，法文高速列车之简称）。法国国铁（SNCF）从1950年开展高速火车技术研究，1955年研制的样车试车，就创造了当时的世界最高纪录——时速331公里，使人们看到了这一技术的发展前景。

法国高速火车实际运营开始于1967年，稍晚于日本。但法国国铁不断改进，使 TGV 的速度不断创新。1981 年，一列由七节车厢组成的 TGV 列车创下了火车时刻表时速 380 公里的新纪录。1990 年，第二代 TGV 列车又以 515.3 公里的火车时刻表时速刷新了世界纪录，冲破了被称为极限的 375 公里火车时刻表时速，使 TGV 成为法国人日常生活中不可缺少的一部分。法国高速列车于 2007 年 4 月 3 日在行驶试验中达到 574.8 公里的时速，打破了 1990 年由法国高速列车创下的时速 515.3 公里的有轨铁路行驶世界纪录。法国 TGV 线路目前分为四部分：巴黎东南线（TGV PSE），由巴黎至里昂运行 3 小时 50 分，火车时刻表时速 260 公里；大西洋线（TGV Atlantique），由巴黎通往大西洋岸，火车时刻表时速 300 公里；北方线（TGV Nord）从巴黎出发，穿越英伦海峡进入英国。另有支线到布鲁塞尔，并延伸至阿姆斯特丹、科伦、法兰克福；东线（TGV Strasbourg），由巴黎到斯特拉斯堡。

德国高速火车称为 ICE（Inter City Express 的简称）。1979 年试制成第一辆 ICE 机车。1982 年德国高速火车计划开始实施。1985 年 ICE 的前身 Inter City Experimiental 首次试车，以 317 火车时刻表时速公里打破德国火车 150 年来的纪录。1988 年创造了火车时刻表时速 406.9 公里的纪录。1990 年一台机车加 13 辆车厢的 ICE 列车开始在 Wurzburg–Fulda 高速火车试运行，火车时刻表时速为 310 公里。

1992 年德国火车以 29 亿马克购买了 60 列 ICE 列车，其中 41 列运行于第六号高速火车，分别连接汉堡、法兰克福、斯图加特，运行火车时刻表时速 200 公里。目前，德国已建成高速火车 1000 多公里，到 2000 年，德国计划建成 11 条高速火车。

现在，中国的高速火车已经开通，使用的是 CRH3 型动车组。

生活与交通

磁悬浮列车是如何产生的？

火车和其他车辆一样，是利用车轮行驶的。火车的轮子不断地在钢轨上滚动，才推动列车飞速前进。然而，车轮也对列车的高速行驶带来不利影响。

↑ 磁悬浮列车

随着火车速度的提高，轮子和钢轨产生猛烈的冲击和磨损，引起列车强烈的震动，发出很强的噪声，从而使乘客感到不舒服。不仅如此，由于列车在行驶中所受到的阻力（空气阻力和摩擦阻力）与速度的平方成正比。速度越高，阻力越大。所以，在利用车轮滚动行驶的条件下，当火车行驶速度超过一定值（每小时 300 公里）时，就再也快不了了。

但是，人们总希望火车的速度越快越好，怎样解决这个矛盾呢？有些人就提出把妨碍列车速度提高的车轮甩掉，设法使列车像飞机在空中飞行一样，在钢轨上腾空行驶，不就克服了轮子所带来的各种缺点了吗？

于是，没有轮子的火车便随之诞生了。

火车头和车厢都很重，如何使它们腾空起来呢？科学家通过研究，提出了两种解决方法。

第一种办法是利用功率很强的航空发动机向轨道上喷射压缩空气，使列车的车底和轨道之间形成一层几毫米厚的空气垫，从而将整个列车托起，悬浮在轨道面上，再用装在后面的螺旋桨式发动机推动列车前进。这种火车通常叫做"气悬浮列车"。由于它好像被气垫托起来一样，所以又叫做"气垫列车"。

法国是世界上最早修建气垫列车的国家。20世纪60年代，在巴黎和奥尔良郊外建成了两条气悬浮式铁路，一条长18公里，另一条长6.7公里，曾进行了多次运行试验。列车的试验速度为每小时200～422公里。1969年在奥尔良郊外使用的气垫车，长26米，宽3.2米，高4.35米，重20吨，可乘80人。

后来，英国也进行了气垫列车试验。

第二种办法是利用磁体同性相斥的原理，使车体在轨道上悬浮起来，再用发动机推动列车前进，人们把这种列车叫做"磁浮列车"。

磁浮列车是在列车的底部装有用一般材料或超导体材料（在一定温度下这种导体的电阻接近于零）绕制的线圈，而在轨道上安装环形线圈。根据法拉第的电磁感应定律，当列车底部的线圈通入电流产生的磁力线被轨道环形线圈所切割，就在环形线圈内产生感应磁场，它与列车底部超导线圈产生的磁场同性相斥，就使列车悬浮起来。由于悬浮列车克服了轮子和轨道的摩擦阻力，因而可使列车的速度达到或超过每小时300公里。

由于磁浮列车的速度非常快，可与一般飞机的飞行速度媲美，人们

生活与交通

称之为"飞行列车"和"超特快"列车。乘坐这种列车，使人感到既舒适、安全，又特别迅速。在车内听不到单调刺耳的车轮撞击声，即使行驶速度很快时，乘客也会觉得像坐飞机那样平稳。它的速度可达每小时500多公里。从北京到上海，距离约1600公里，如果乘坐这种没有轮子的火车，只要3个小时就可驶完全程，比普通火车快了六七倍。

磁浮火车是在20世纪60年代开始研制的。世界上第一条实用性的磁浮铁路建在联邦德国汉堡市展览馆至展览广场之间，全长908米，轨道为高架桥式。磁浮列车长26.24米，可载客68人。它可浮离轨面10毫米运行，最高时速为75公里。

1979年12月12日，日本研制的磁浮列车进行了一次运行试验，时速达到504公里。试验是在日本宫崎县向市的铁路试验中心进行的。所用的试验车长13.5米，高2.7米，宽3.8米，重10吨。试验时，列车先经过一段短距离行驶，获得起始速度后，列车便在导轨上（通常为单轨，也有双轨的）浮升100毫米，并快速向前飞驰。

磁浮列车在悬空行驶时，是不使用车轮的。但在启动或刹车时，还需要用车轮。

目前，使磁浮列车走向实用化的技术开发已基本完成。不过，作为整个系统需要解决的问题，还要经过耐久性和可靠性的研究阶段。我国"八五"期间，在国家科委的支持下，对磁浮列车的开发和研制工作组织攻关，进展很快，但对一些实际应用中的有关技术尚需实践检验。中国上海有商业运营的磁悬浮列车，这是目前为止全世界唯一一条商业运营的磁悬浮列车。

火车与地铁有何区别？

地铁普遍采用的是整体无砟道床，铁轨被直接焊在道床上，连接处用鱼尾板扣好，轨重一般不超过 30KG/M。

而目前中国的国铁采用的多为路砟道床加混凝土路枕或木质路枕，轨重可高达 60KG/M。

无枕木铁道是城市轨道交通的主流趋势，但是它只适合较轻的车厢。对于我国客货混跑的国铁干线并不适用，因为它承受不住货车的重量。

1. 现在的地铁线路的设计思路基本上是市区内走地下，市区外走地面或者高架，这主要是从建设成本上考虑，并没有一定之规。

2. 地铁轨距和国铁火车轨距是相同的，至少在中国是这样（其他大多数国家也是一样，个别国家不同），都是 1435 毫米。动力上地铁因为通风问题都是电力动车组，而火车则是电力内燃并用，控制方式基本相同。

生活与交通

火车站是如何分类的？

火车站是从事铁路客、货运输业务和列车作业的处所，铁路运输部门的基层单位。

1. 火车站按作业性质分为客运站、货运站和客货功能兼备的客货运站三种。

客运站功能主要是从事客运业务和客车行车与整备作业。根据需要设置若干到发线和站台，以及客运站房。在大型客车站还配备检修和清洗列车等作业的整备场。

货运站功能主要是从事货运业务，包括货物承运、装卸作业和货物列车的到发作业。根据需要设置若干到发线、编组线和货物库场、库房等设施。

客货运站是同时从事客运与货运的车站。客运站与货运站的布置形式基本分两种：一是通过式的客、货运站，其正线和到发线是贯通的，客运站房和货运库场布置在铁路的一侧；二是尽头式客、货运站，其到发线是尽头式的，客运站房和库场设于到发线的终端或一侧。

2. 车站按业务量，地理条件划分为特、一、二、三、四、五等站。为衡量车站客货运量和技术作业量大小，以及在政治上、经济上和铁路网上的地位所划分的不同等级，称为车站等级。

对以单项业务为主的客运站或货运站及编组站，根据铁道部文件，按下列条件划分特、一、二等站。

(1) 具备下列三项条件之一者为特等站：

①日均上下车及换乘旅客在 60000 人以上，并办理到达、中转行包在 20000 件以上的客运站。

②日均装卸车在 750 辆以上的货运站。

③日均办理有调作业车在 6500 辆以上的编组站。

(2) 具备下列三项条件之一者为一等站：

①日均上下车及换乘旅客在 15000 人以上，并办理到达、中转行包在 1500 件以上的客运站。

②日均装卸车在 350 辆以上的货运站。

③日均办理有调作业车在 3000 辆以上的编组站。

(3) 具备下列三项条件之一者为二等站：

①日均上下车及换乘旅客在 5000 人以上，并办理到达、中转行包在 500 件以上的客运站。

②日均装卸车在 200 辆以上的货运站。

③日均办理有调作业车在 1500 辆以上的编组站。

对办理客、货业务及货物列车编解等技术作业的综合性车站，以下列条件划分。

(1) 具备下列三项条件之二者为特等站：

①日均上下车及换乘旅客在 20000 人以上，并办理到达、中转行包在 2500 件以上客运的。

②日均装卸车在 400 辆以上的货运站。

③日均办理有调作业车在 4500 辆以上的编组站。

（2）具备下列三项条件之二者为一等站：

①日均上下车及换乘旅客在 8000 人以上，并办理到达、中转行包在 500 件以上的客运。

②日均装卸车在 200 辆以上的货运站。

③日均办理有调作业车在 2000 辆以上的编组站。

（3）具备下列三项条件之二者为二等站：

①日均上下车及换乘旅客在 4000 人以上，并办理到达、中转行包在 300 件以上的客运。

②日均装卸车在 100 辆以上的货运站。

③日均办理有调作业车在 1000 辆以上的编组站。

（4）具备下列三项条件之二者为三等站：

①日均上下车及换乘旅客在 2000 人以上，并办理到达、中转行包在 100 件以上的客运。

②日均装卸车在 50 辆以上的货运站。

③日均办理有调作业车在 500 辆以上的编组站。

（5）办理综合业务，但按核定条件，不具备三等站条件者为四等站。

（6）只办理列车会让、越行的会让站与越行站，均为五等站。

核定车站登记可考虑车站所在地的政治、经济、文化、外交和运输布局的需要，如首都、中央直辖市及个别省府所在地的车站，可酌定为特等站；省府所在车站及重要的国境站、口岸站，可酌定为一等站或二等站；工矿企业比较集中地区的车站及位于三个方向以上并担当机车更换、列车技术作业的车站，可酌定为二等站或三等站。

3．根据列车作业的性质可分为编组站、区段站、中间站、越行站和会让站5种。此外还有为工矿企业服务的专业化的车站。

编组站进行技术作业的编组站专门从事列车的编组和解体，以及车辆与列车的其他技术性作业。配备有机务段和车辆段、到发线、调车线、牵出线和驼峰等设施。

区段站则设于牵引区段分界处的车站，主要从事列车技术检查、机车的换挂、区段零担摘挂列车和小运转列车的改编等作业，配备有机车段、车辆段，以及到发线、调车线和牵出线等设施。

中间站主要从事单线铁路列车的会让和双线铁路的越行作业，配备到发线、货物线和牵出线等主要设施。铁路车站发展趋势是作业集中化，设备、设施现代化和操作自动化。

生活与交通

空中的交通规则有哪些？

和地面交通一样，天上也需要有一套交通规则，用于规范驾驶员的驾机行为。同时还设有空中交通管制员执行管理任务，从而创造一个安全、有序、高效率的空中交通环境。

空中的交通规则叫飞行

↑ 飞机按空中交通规则飞行

规则，是借鉴地面交通规则的经验制定的。它的核心目的是要保障机上人员和飞经区域的地面群众的人身和财产安全。飞行规则分为通用飞行规则、目视飞行规则和仪表飞行规则三部分，通用飞行规则是各类飞机共同遵守的基本规则，它的主要要求是：非经特殊允许，飞机不能在居民密集区域上空飞行，不能从机上向下抛任何物体。为了防止相撞，规定飞机在相对飞行相遇时，各自向右转躲避对方；在同向飞行时，如果要超越前方的飞机，后面的飞机要改变高度或从右侧超越。航向不同的飞机在空中交会时，左方的飞机要为右面的飞机让路。空中的"交通警察"——空中交通管制员不像在陆地上执勤的警察可以在十字路口等地面对面地指挥汽车司机，他们靠飞机报告的所在位置和控制飞行的时间间隔来指挥飞机。因此在通用飞行规则中，要求在航线上飞行的飞机事先要提供飞行计划，被批准后，飞机才能被放行。在飞行时要得到管制员的许可，而且在规定的报告点向管制员报告飞经的时间、飞行高度等。由于对时间的控制是空中交通管制的基础，所以空中交通体系包括飞机和管制塔台都统一使用协调世界时，以保证空中交通管理的精确度。

针对目视导航或仪表导航的飞机分别制定了目视飞行规则和仪表飞行规则。目视飞行时，驾驶员主要依靠视觉来判断和发现其他飞行物或地面障碍物。目视飞行规则的基础就是飞机能"看见"和"被看见"，也就是飞机之间、飞机和地面管制员之间能相互看见，用于保证飞行安全。目视飞行规则对能见度和天气情况作出了严格的规定，规定了目视飞行气象条件标准。如果天气状况达不到这些标准，飞机就不能被放飞。小型低高度的飞机大多采用目视飞行；大型飞机在气象条件许可时，尤其是在机场上空，空中交通繁忙区域，因为目视飞行灵活，有时也采用目视飞行。在空中管制工作中，目视飞行只占其工作量的一小部分。

仪表飞行规则是专门为使用无线电仪表导航的飞机制定的，它规定了靠仪表飞行时的气象条件。在仪表飞行时驾驶员仅靠仪表观测和管制员的指示飞行即可，不需要看到其他飞机和地面情况，因此仪表飞行的气象条件要宽于目视飞行。仪表飞行大大降低了天气对飞行可能造成的影响。仪表飞行规则要求飞机上必须配置齐全规定的飞行仪表和无线电通信设备。相应的，驾驶员也必须具备熟练使用这些仪表和设备的能力。驾驶员只有在取得仪表飞行的驾驶执照后，才能进行仪表飞行。现在空中飞行的绝大多数航班都采用仪表飞行。

生活与交通

飞机飞行高度由什么决定？

由于高度越高，空气密度就越低，所以飞机的飞行高度一般比固定翼飞机要低很多。由于随着飞行高度的升高，空气密度会逐渐减小，所以大气压力也随之减小。在近地面大气层中，海拔高度每升高 100 米，气压约降低 9.5 毫米汞柱，在高空的大气层则小于这个数值。随着飞行高度的增加，空气密度的减小，飞机发动机的可用功率就会减小，旋翼的效率也会减小，飞机的操纵性也会变差。

随着飞行高度的升高，大气温度也会逐渐降低，到一定高度后，导致飞机结冰的危险就会增加，尤其是在靠近云底和在湿度大的空域飞行时。

飞机的最大飞行速度也会随着飞行高度的增加而降低，其表速是随空气密度和温度的变化而同步变化的。高空飞行应注意避免剧烈的飞行动作，还应注意避免在结冰条件下飞行。

通常，风速会随海拔高度的增加而增大。在摩擦层 1500 米以下，风向变化较大；在摩擦层以上，风随高度的变化较有规律。飞行中应注意掌握气流的变化规律。

所以，飞机的飞行高度是由机身所采用的材料、发动机的功率、旋翼的性能所决定的。最后要说明的一点是飞行员的技术也很重要！

世界最大的机场在哪里？

位于迪拜西南方401公里的杰贝阿里市，阿联酋政府投资820亿美元大兴土木打造占地140平方公里，兴建了号称全世界最大的机场。

往来中东的商旅凡经过迪拜机场，无不为它的规模与大理石搭配镀金的豪华气派装潢而惊叹。至2005年，入境和过境迪拜机场的旅客数已达2470万人次，仅次于韩国，成为世界增长第二快的机场。

为减轻迪拜机场的负担，阿国政府决定另于杰贝·阿里辟建一座每年可容纳1.2亿人次旅客、拥有6条飞机起降跑道、2座航站大厦的航空城，估计2017年完工。

据阿国政府的规划，阿勒马克图姆机场的6条跑道，将保留一条专供货机卸载，凡经迪拜港转口的远洋货柜，可从码头直接运送至此，所有的作业都于免税的自由贸易区内一气呵成。

至于新机场其他空间的运用，阿国政府打算再斥资330亿美元，占地面积为中国香港两倍的"迪拜世界中心"，结合7星级的帆船饭店，使迪拜成为结合金融、观光功能的全球商业重镇。